DEMIGODS ACADEMY

À Giuseppe Amore, qui a eu l'idée de remplir l'Academy de dieux et de demi-dieux.

Illustration de couverture : Tiphs / Hachette Romans Studio
Traduction de l'anglais (États-Unis) par Brigitte Hébert
L'édition originale de cet ouvrage a paru en auto-édition sous le titre :
Demigods Academy – Year 1

Published by special arrangement with DreamInkes Publishing di Strazzanti Elisa in conjunction with their duly appointed agent 2 Seas Literary Agency.

Hachette Livre, 58 rue Jean Bleuzen, 92170 Vanves.

ELISA S. AMORE ✦ KIERA LEGEND

TOME 1 - ZEUS

DEMIGODS ACADEMY

Traduction de l'anglais (États-Unis)
par Brigitte Hébert

hachette
ROMANS

CHAPITRE 1

MELANY

Une bonne centaine d'invités se bousculent dans la salle de bal pour fêter l'anniversaire de Callie, dix-huit ans aujourd'hui. Ils boivent du champagne, s'empiffrent de canapés aux figues que leur sert une armée de domestiques en uniforme. Les amis de la prestigieuse école privée de Callie, leurs parents, sa famille grecque au grand complet, ils sont tous là. Je suis invitée aussi, même si je n'appartiens à aucun de ces cercles. Callie me considère comme son amie, sa sœur peut-être, parce que je vis à ses côtés depuis cinq ans. Pourtant, je sais qu'elle cancane sans se gêner derrière mon dos, affirmant que je n'ai pas ma place dans sa grande maison.

Le pire, c'est qu'elle n'a pas tort.

À l'écart sur la véranda, j'avale une gorgée de bulles en contemplant le domaine Demos. Le jardin est éclairé par des loupiotes solaires qui bordent les allées et illuminent les statues. La nuit est toujours belle, ici. J'aime faire de longues promenades après minuit, à l'insu de Sophia, ma mère adoptive, et du reste de la maisonnée… Sauf du jardinier, Bishop, qui est au courant de mes sorties : il m'a déjà surprise en train de sprinter sur le gazon ou de sauter par-dessus les bancs de pierre – c'est mon parcours d'obstacles ! Il ne m'a jamais dénoncée, lui et moi avons un accord tacite : Bishop ne dit rien de mes aventures nocturnes, je ferme les yeux sur ses pauses fumette avec Rachel, la cuisinière, derrière l'abri de jardin.

— Qu'est-ce que tu fiches ici ?

Callie vient de me rejoindre. Les voiles de son élégante robe bleue caressent la balustrade. Elle ressemble à une reine ou une déesse grecque, avec sa tresse dans laquelle est piqué un diadème incrusté de diamants.

— Comme d'hab : j'essaie d'éviter les mains baladeuses du cousin Léo ! je réponds en faisant mine de lui palper le décolleté.

Callie éclate de rire et me repousse d'une tape.

— Ce mec est insupportable. Tout à l'heure, il s'est permis de pincer les fesses de Kate, dit-elle.

Je suis consciente de n'être ni aussi belle, ni aussi élégante que Callie. Et je n'ai pas choisi de robe fastueuse pour sa soirée, mais une combinaison noire à manches longues. Elle n'est même pas à moi, Callie me l'a prêtée. Forcément, je n'aurais jamais eu les moyens de payer cette tenue. Je soupçonne cette prétentieuse de l'avoir choisie parce qu'elle couvre les tatouages que j'ai sur les bras et les jambes. Ses parents sont architraditionnels et guindés, ils me tolèrent uniquement par sympathie pour Sophia, leur gouvernante la plus fidèle.

— C'est l'heure d'y retourner, lance Callie avec un grand geste.

Elle se tourne vers la salle de bal animée où déambulent smokings et robes de gala. Le vacarme assourdissant des conversations m'agresse les oreilles.

— Je vais bientôt ouvrir ma boîte-mystère, tu ne peux pas rater ça, ajoute-t-elle.

— Bien sûr que non.

— Tu verras mon invitation à l'armée des dieux.

— Une chance sur un million, tu te souviens ?

— Je ne me suis pas embêtée à allumer des cierges pour des clopinettes, persiffle-t-elle.

Callie repart. Sa longue robe traîne sur le marbre blanc. Elle avance avec grâce, on dirait même qu'elle flotte parce qu'on ne voit pas ses pieds. Les gens la comparent souvent à la déesse Aphrodite, avec ses longs cheveux dorés, son visage à la symétrie parfaite, ses yeux bleus translucides et son nez aristocratique. À mon avis, elles ont d'autres points communs : les deux sont vaniteuses, sournoises et diaboliques…

Non, Callie n'est peut-être pas diabolique. En général, on réserve ce mot pour me décrire, moi, et ce n'est pas faux. J'ai les cheveux bleu nuit, beaucoup de tatouages, des piercings, et mon caractère de râleuse et mon franc-parler font tache dans ce quartier bourgeois de Pécunia. Ce n'est pas que je ne croie pas aux dieux – j'ai une sorte de foi –, mais je ne les vénère pas autant que dans ces familles dévotes. Les dieux n'ont jamais rien fait pour moi, donc ils ne méritent pas mes faveurs.

Tous les jeudis, la famille Demos se rend au temple avec du vin de son vignoble et des saucisses qu'un boucher du quartier fabrique spécialement pour les offrandes. Elles sont déposées au pied de la majestueuse statue de Zeus. Les Demos passent la journée à boire et à manger avec d'autres fidèles. Je les ai accompagnés une seule fois, j'ai trouvé ça ridicule et pénible.

Ce tintouin n'est qu'une histoire transmise de génération en génération qui dure depuis plus de cent ans. Nous grandissons en écoutant et en lisant qu'il y aurait eu une résurgence des dieux durant la Nouvelle Aube. Des auteurs relatant les tremblements de terre de 1906 et 1908, qui ont tué des centaines de milliers de personnes, prétendent que les catastrophes auraient été provoquées par un titan échappé de sa prison. Les dieux l'ont combattu pour le renvoyer dans le Tartare. Du coup, adorer les dieux est censé nous garantir la sécurité et l'assurance qu'aucun autre titan ne s'échappera.

Les boîtes-mystère livrées à chaque jeune le jour de ses dix-huit ans sont un cadeau divin en échange de cette servitude. Quatre-vingt-dix-neuf pour cent des boîtes contiennent une simple carte d'anniversaire, les rares élus découvrent une invitation à rejoindre la Demigods Academy, où on les entraînera à devenir les soldats des dieux.

Moi, je dis que c'est du pipeau… Une armée des dieux, n'importe quoi. Elle est où, cette armée ? Il y a qui dedans ? En cent ans, personne n'a été fichu d'apporter la moindre preuve à son sujet. C'est plutôt une belle arnaque pour que les entreprises gagnent du fric sur le dos des gens. La quantité de conneries et de services vendus aux dévots pour le jour anniversaire de leur rejeton est démente. Quand on sait que le pourcentage d'heureux élus est ridiculement faible, c'est de la folie… D'ailleurs, y en a-t-il seulement, des élus ? Je ne connais personne qui ait été choisi, donc, selon moi, cette histoire d'armée relève autant du mythe que l'existence des dieux.

Quand je rejoins la fête, les invités ont déjà formé un cercle autour de Callie. Sa mère rayonne de fierté, son père est de marbre. Depuis que je vis ici, je ne l'ai jamais vu sourire. Ou alors il ne sourit jamais quand je suis là !

Je repère des amis de Callie que je méprise : Ashley, toujours en extase devant le faste des Demos, et Tyler, qui a l'air de s'ennuyer à mourir. Lorsque nos regards se croisent, il m'adresse un sourire mielleux et un doigt d'honneur. Charmant.

Je lui retourne la pareille juste avant que les lumières s'éteignent. Deux domestiques apparaissent, poussant une desserte sur laquelle trône un énorme gâteau d'anniversaire avec dix-huit bougies scintillantes. Des « Joyeux anniversaire » s'élèvent, repris en chœur par tous les invités.

Rose de plaisir, la star du jour souffle ses bougies sous les applaudissements. Je connais son vœu : une invitation à l'armée des dieux. Cette fille a toujours eu tout ce qu'elle voulait, alors en théorie cela devrait continuer…

Pendant que le gâteau est découpé en jolies parts triangulaires, le son d'une corne retentit. Un murmure parcourt la foule. La boîte-mystère vient d'arriver.

Tout le monde retient son souffle. Je déteste cette cérémonie, elle me rappelle cruellement que je n'ai rien reçu pour mon anniversaire. Pourtant, tous les jeunes du monde entier sont censés recevoir cette foutue boîte… J'ai été privée de l'événement et j'ignore pourquoi.

Un dignitaire, le représentant des dieux, vêtu de la traditionnelle toge blanche, fait son entrée. Il porte un plateau cuivré sur lequel est posée la boîte. Elle est magnifique, avec ses feuilles d'olivier ciselées. Je bouscule mes voisins pour me garantir une meilleure vue sur la scène.

Pendant mon séjour à l'orphelinat, j'avais entendu parler de ces boîtes, mais en voir une est mieux que n'importe quelle histoire. Ce ne serait pas un mythe, alors ? Du calme, Melany, l'existence des boîtes-mystère ne signifie pas que le reste est véridique.

J'admets que celle-ci est sublime, en bronze, avec des incrustations d'or et d'argent, elle semble briller de son propre éclat. Le dignitaire s'arrête devant Callie et lui présente son cadeau.

Des symboles de dieux sont gravés avec minutie : l'éclair de Zeus, le diadème d'Héra, la rose d'Aphrodite, le chien d'Arès. J'imagine que, sur les autres faces, il y a la lune d'Artémis, le soleil d'Apollon et six autres symboles pour compléter le panthéon. Je les connais tous.

Callie regarde sa mère puis son père pour obtenir leur assentiment. Ils acquiescent. Mais avant, elle doit s'adresser aux dieux pour les remercier. C'est la tradition.

— Je vous remercie, dieux tout-puissants. Vous qui habitez l'Olympe, à l'écart des hommes mais toujours présents dans nos vies. Vous qui peuplez les villes, les forêts, les ruisseaux, les rivières, les cieux, les océans, qui gardez tous les royaumes, je vous remercie infiniment pour vos bénédictions, j'espère être digne de votre appel.

Quand sa voix se brise d'émotion (quelle comédienne !), je suis presque désolée pour elle… Presque.

Callie approche lentement les mains de la boîte, puis soulève le couvercle tout aussi lentement. On entend des petits cris dans l'assistance, aussitôt retenus. Ils espéraient quoi, ces crétins ? Que la lumière jaillisse ? Callie l'espérait sans doute, car son visage se décompose quand rien ne se passe. Quelle cruche.

Elle regarde à l'intérieur, plonge une main tremblante, la ressort en tenant un petit rouleau de papier maintenu par un ruban doré. Je la vois déglutir nerveusement. Maintenant, ses doigts dénouent le ruban. Callie déroule le parchemin jauni… lit… Ses joues s'empourprent.

Oups ! On dirait que ce n'est pas le message tant attendu. Sa mère essaie de lire par-dessus l'épaule de sa fille.

— Alors, ma chérie ? demande-t-elle avec un sourire crispé.

Callie la repousse et jette la boîte sur les dalles avant de s'enfuir. Bravo, l'éducation. Des murmures de désapprobation s'élèvent. Callie et son comportement de gamine. Je ne suis même pas surprise. Mme Demos fait signe au groupe de musiciens pour qu'ils meublent.

— Par Dionysos, que la fête commence ! lance son mari.

La mère de Callie, le visage pincé, s'approche de moi.

— Va me la chercher en vitesse. Elle doit présenter ses excuses aux dieux… Et prends ça avec toi, ajoute-t-elle en désignant la boîte.

Je la ramasse. Dès que je l'ai entre les mains, une sensation de chaleur me gagne, comme si le métal irradiait. Des picotements remontent sur ma peau jusqu'aux poignets.

Je trouve Callie en train de fumer sur la terrasse. Cette pimbêche ne tourne même pas la tête à mon arrivée.

— Ça va ?

Elle souffle une volute de fumée.

— Après toutes les offrandes que j'ai déposées et les œuvres de charité de mes parents, ils ne m'ont même pas choisie… J'ai fait toutes ces conneries pour une bénédiction d'anniversaire pourrie.

Pour une fois, je suis d'accord avec elle.

— Ouais, ça craint.

— Je suis la candidate idéale, putain ! J'aurais pu être leur meilleur soldat, poursuit-elle, furibonde.

— Ta mère t'attend pour que tu présentes des excuses… Tiens, je t'ai rapporté la boîte.

Elle donne un violent coup dessus, la boîte manque de m'échapper des mains.

— Brûle cette merde ! Je ne veux plus jamais la revoir !

De rage, Callie écrase son mégot sur le bois de la rambarde, puis repart en trombe. Moi aussi, je suis en colère : contre cette chipie pourrie gâtée. Un domestique aura des ennuis à cause des cendres de cigarette. Si ça tombe sur Sophia, je gueulerai comme un putois.

Les simagrées de cette fête m'ennuient, je décide de retourner au bungalow que je partage avec ma tante. J'emporte la boîte-mystère, il est hors de question de la détruire. Je pourrais en tirer un joli paquet de billets. J'emmerde Callie.

Sophia est sûrement déjà couchée, elle a bossé comme une malade ces trois derniers jours pour les festivités. J'entre sans bruit et avance à pas de loup.

— Tu peux te montrer, je ne dors pas !

Je dissimule la boîte-mystère dans mon dos. Je trouve Sophia assise dans notre minuscule salon avec son ouvrage sur les genoux.

— Tu tricotes dans le noir ?

— Ça me change les idées.

— Tu es au courant ?

— Oui. Encore un caprice de Callie. Je ne sais pas comment fait Mme Demos pour ne jamais perdre patience.

Sophia montre le coussin à ses pieds, mon coin préféré pour l'écouter me raconter ses histoires sur ma mère et elle quand elles étaient enfants, ou sur mes parents.

— Tu as goûté le gâteau ? Il paraît qu'il était délicieux, reprend-elle.

— Non… C'était un peu la panique, tu sais ! Euh, je suis fatiguée, je vais me coucher, dis-je en simulant un bâillement.

— Bonne nuit, ma chérie. Dors bien.

— Toi aussi.

Je pars à reculons, la boîte toujours dissimulée derrière moi, puis j'opère un demi-tour juste avant d'entrer dans ma chambre. Absorbée par les nœuds dans sa pelote de laine, Sophia ne remarque rien.

Je me déshabille en vitesse, faisant attention de ne pas abîmer la combinaison, puis j'enfile un pantalon de survêtement et un débardeur troué. On ne roule pas sur l'or chez nous, je ne claque pas notre argent en vêtements futiles.

Je m'installe confortablement sur mon lit, la boîte posée devant moi. Elle irradie toujours. J'avais raison, pour les symboles gravés dans le métal : il y en a bien douze qui font le tour, pour les douze tout-puissants de l'Olympe.

Comme j'aime l'art, je commence par admirer cette merveille : ce sont les motifs les plus travaillés et les plus splendides que j'aie jamais vus. Je soulève le couvercle pour le plaisir de regarder à l'intérieur. La boîte est censée être vide puisque Callie a déjà récupéré son message… mais ce n'est pas le cas !

Un petit rouleau blanc se détache nettement sur le velours violet.

C'est quoi, ça ? Callie l'aurait manqué dans sa précipitation ? C'est vrai qu'elle était plutôt stressée, cette conne.

À la seconde où mes doigts effleurent le papier, les picotements repartent de plus belle. Je devrais reposer ce parchemin et rendre la boîte à Callie, mais une petite voix me souffle de lire d'abord ce qui est écrit.

Hop, je dénoue le ruban, puis déroule la feuille parcheminée.

Félicitations, chère nouvelle recrue ! Tu es invitée à rejoindre l'armée des dieux.

Bordel ! Je relis. Mon cœur bat la chamade. Un choc électrique me traverse les doigts, je lâche le parchemin, qui flotte d'abord en l'air quelques secondes, puis atterrit tranquillement sur ma couette.

Je n'y crois pas. Dans sa colère, Callie aurait raté ce message ? La bienséance voudrait que je le replace dans la boîte-mystère et rapporte le tout à sa propriétaire pour qu'elle aille accomplir son destin auprès des dieux… Mais je ne veux pas. Non.

Callie a tout : des parents qui l'aiment, une famille, beaucoup d'argent et de biens, des amis. Sauf qu'elle n'apprécie rien : elle se plaint sans cesse de n'être ni assez belle, ni assez mince, elle lève les yeux au ciel si ses parents l'empêchent d'aller s'amuser aux îles Caïmans en plein milieu du trimestre. Elle se gave de caviar et de macarons, alors que, trois quartiers plus loin, des gens crèvent de faim.

Une pensée me traverse l'esprit… Et si je gardais ce message pour moi ? Personne ne le saura, Callie encore moins puisque les dieux l'ont rejetée. Elle m'a ordonné de détruire sa magnifique boîte-mystère. Alors que, pour moi, si l'Academy existe vraiment, j'aurai un but, un avenir.

Au cours de mes dix-huit années d'existence, je me suis souvent sentie perdue, comme un navire secoué dans la tempête. J'ai toujours été une paria, sans parents, en me demandant pourquoi ils m'avaient quittée, comme si je ne valais rien. Aujourd'hui, je peux enfin devenir quelqu'un…

Une chance unique dans la vie qui implique aussi une décision difficile.

Rien qu'en regardant la boîte, j'ai déjà le cœur et la tête en bataille. J'ai déjà commis des conneries, mais voler l'opportunité offerte à une autre de rejoindre la Demigods Academy sera la pire de toutes.

Je sais que c'est mal, mais j'aspire à trouver ma place dans ce monde. Et si justement c'était à l'Academy ? Je n'en suis pas certaine… mais je dois m'en assurer !

CHAPITRE 2

MELANY

J'examine le parchemin sous toutes les coutures. D'après la légende, il y a des instructions avec date et heure de rendez-vous pour se rendre à l'Academy. Or je ne vois rien de rien.

Je recommence à zéro en regardant de nouveau à l'intérieur de la boîte, mais avec une attention particulière cette fois-ci, au cas où j'aurais manqué une cachette. J'ai beau passer les doigts sur toutes les faces, dessus, dessous, je ne trouve rien… Quoique, dans un angle, on dirait que le velours est un peu plissé. Je saisis le coin et tire. L'étoffe ne se détache pas facilement, je suis même obligée de l'arracher par bandes. Une fois que j'ai tout retiré, j'aperçois une inscription gravée dans le métal, au fond.

J'approche ma lampe et lis à haute voix :

— « Pour percer les secrets de l'Academy, tu dois te servir de ce qui n'a pas de jambes mais qui danse, qui n'a pas de poumons mais qui respire, qui n'a pas de vie pour vivre ou mourir mais qui allie les trois. »

Une charade. Top. Je déteste les charades.

Elle ne peut pas être trop compliquée, sinon aucune recrue n'arriverait au point de rendez-vous ni à l'heure prévue… Mais c'est le but s'ils veulent sélectionner et ne garder que les meilleurs des meilleurs.

Je relis en me creusant les méninges. Je me lève et fais les cent pas dans ma chambre – je réfléchis mieux quand je suis en mouvement ! Qu'est-ce qui danse, respire, vit ou meurt ? Pas les humains, nous avons des jambes, des poumons et une vie. Pas un animal, pour les mêmes raisons. Mon regard revient sans cesse à la boîte-mystère. De temps à autre, le métal reflète un rayon de lumière. Je repense aux picotements de chaleur qui ont déferlé sur ma peau quand je la tenais entre mes mains. Je reprends encore la boîte pour étudier les symboles gravés sur ses faces :

Zeus : l'éclair.

Héra : le diadème.

Aphrodite : la rose.

Arès : le chien.

Apollon : le soleil.

Artémis : la lune.

Je la retourne et me concentre sur les six autres. Un truc me grattouille l'esprit comme un morceau de grain de pop-corn coincé entre les dents.

Poséidon : le trident.

Dionysos : le calice.

Héphaïstos : le feu.

Athéna : la chouette.

Déméter : la corne d'abondance.

Hermès : le serpent.

Je caresse le métal du bout des doigts. Aussitôt se dégage de la chaleur, comme si j'avais posé la main sur un brûleur de cuisinière. Cet objet de ferronnerie surpasse tout ce qui est terrestre, il a bien été conçu par un dieu. Chaleur, métal…

Feu.

J'y suis ! Les flammes d'un feu ont l'air de danser, comme les poumons, le feu a besoin d'oxygène et il s'éteint si ses flammes meurent. Ce doit être la bonne réponse… Et il n'y a qu'un seul moyen de le savoir.

Comme je n'ai pas de cheminée, je rassemble toutes les bougies que j'ai dans mes tiroirs et je les allume. Je place ensuite la boîte-mystère au-dessus des mèches, en espérant ne pas être ridicule de me croire supérieurement intelligente.

Dix minutes plus tard, je commence enfin à sentir une différence : le métal chauffe, il me brûle les doigts, j'ai du mal à tenir la boîte. Aïe, ça fait mal ! Je ne sais pas si je pourrai tenir encore longtemps.

Quand je suis sur le point de la lâcher, de petits nuages noirs s'échappent de l'intérieur. Les volutes serpentent dans l'air comme si elles étaient soufflées par un vent invisible. Je vérifie ma fenêtre : elle est fermée. Cette fumée ne résulte pas de la fonte du métal, il y a de la magie à l'œuvre, les vrilles forment maintenant des mots et des chiffres.

Cala.

3 heures.

Quai…

Argh ! Je bloque ma respiration pour ne pas déformer le dernier chiffre. Je n'arrive pas à décider : est-ce un neuf ou un six ? Le chiffre serpente, tournicote sur lui-même à cause du vent invisible ou de ma respiration pas complètement bloquée. On dirait qu'il reste en six… puis, comme si la plume qui l'avait tracé était capricieuse, il disparaît. Merde.

Les mèches de bougies grésillent, c'est de la torture. Je laisse tomber la boîte. Le bout de mes doigts est tout rouge, des petites cloques se forment déjà. Aucune importance, j'ai mes informations.

Cala est la petite ville en face de la baie. Je sais qu'il y a un port de plaisance, Sophia m'a emmenée là-bas pour admirer les paquebots. En revanche, j'ignore tout des quais, mais ça ne doit pas être bien sorcier de trouver le numéro six. J'attrape mon portable, il est 23 heures. J'ai quatre heures pour arriver au bon endroit. À moi, l'Academy !

Ce qui me laisse peu de temps pour reconsidérer ma décision ou réfléchir aux conséquences. Parce que c'est maintenant ou jamais.

Je bondis sur mes pieds, j'attrape un vieux sac de sport miteux que je traîne depuis l'orphelinat et je balance tout ce que je peux à l'intérieur : culottes, soutiens-gorges, chaussettes, jeans, tee-shirts, et la boîte-mystère. J'en aurai sûrement besoin pour prouver que j'ai reçu l'invitation.

J'enfile ma veste en cuir patiné, mes rangers, je glisse mon téléphone portable dans une poche, puis je jette un coup d'œil dans le couloir. Sophia n'est plus dans le salon. La porte de sa chambre est fermée, elle est allée se coucher. J'aurais aimé lui laisser un mot, mais il faudrait m'expliquer, or personne ne doit savoir que j'ai volé l'invitation de Callie. Je tourne quand même sa poignée de porte et j'entre sans bruit.

Elle dort paisiblement. J'ai le cœur gros en la regardant. Son visage est détendu, sans ses rides d'inquiétude qui se sont gravées au fil des ans. Je dépose un baiser sur son front et murmure :

— Je t'aime, Sophia.

Je retiens mes larmes en quittant notre bungalow, puis traverse le parc à l'ombre des grands arbres. Cala n'est pas tout près de Pécunia, j'ai besoin d'un moyen de transport, or il n'y a pas d'autobus à cette heure-ci. À pied, je n'arriverai jamais à l'heure.

J'entends des voix non loin. Sûrement des invités qui repartent. Durant un court instant, j'envisage de me faire convoyer, mais ses amis s'empresseraient de le rapporter à Callie. Impossible. Ma disparition doit rester secrète, au moins jusqu'au lever du soleil. Après, je m'en fous, ils penseront ce qu'ils voudront… Sans doute que je me suis enfuie comme une ingrate ; d'après eux, c'est mon genre. Sauf Sophia qui s'inquiétera ou pensera que j'avais une bonne raison de partir. Cela me brise le cœur de lui causer cette angoisse, mais je n'ai pas le choix.

Des phares balaient le trottoir où je me tiens ; vite, je saute derrière la haie pour ne pas être vue. Je repère une moto garée à l'écart des autres véhicules. Quelle chance ! J'adresse un petit remerciement aux dieux, même s'ils s'en contrefichent et ne prêtent sûrement aucune attention à ce que je fais. Je suis insignifiante pour eux. Mais j'ai un moyen de transport !

Trois minutes plus tard, je quitte le domaine Demos en trombe, grâce aux compétences (illégales) que j'ai acquises lors de mes séjours en foyer d'accueil. Adieu, Pécunia. Je me sens à la fois excitée de voir mon passé dans le rétroviseur et coupable d'abandonner Sophia. J'espère qu'elle finira par comprendre pourquoi je suis partie.

Mon cœur tourne aussi vite que le moteur et je suis à fond. Je n'arrive pas encore à y croire, je continue de prier pour que ça marche. Si je suis exclue avant même d'avoir commencé, je ne suis même pas certaine de vouloir revenir à Pécunia… Oui, c'est décidé : si je rate le rendez-vous, je tracerai la route pour recommencer ma vie ailleurs.

J'y pense jusqu'à Cala.

Il ne me faut pas longtemps pour trouver le port, la ville est petite, il n'y a qu'à se laisser guider par le clapotis de l'océan. Je laisse la moto près d'un hangar, puis j'escalade la clôture grillagée.

Le silence me surprend : où sont les autres ? Je ne peux pas être la seule à avoir décodé l'énigme. D'après ce qui se raconte, les dieux recrutent trente-six adolescents tous les quatre ans.

Pourquoi ce nombre ? Je l'ignore, mais, connaissant les dieux, il y a forcément une raison. Alors, où sont les trente-cinq autres ?

Les lieux ne sont pas éclairés, mais je me dirige facilement jusqu'au quai six. Je n'entends que le clapotis de l'eau, le grincement des bateaux et les battements de mon cœur.

Voilà, j'y suis. Et maintenant, je dois attendre un bateau ? Cela me paraît soudain trop facile. Le chemin vers l'Academy est forcément compliqué et dangereux. Jason n'a-t-il pas galéré avant de recevoir la Toison d'or ? D'ailleurs, si je le rencontre, je l'interrogerai sur comment il a réussi à s'en sortir lorsque les sirènes ont attaqué son navire. Une épreuve surhumaine... Revenons-en à l'entrée de l'Academy. Se situe-t-elle dans l'océan ?

Je scrute la surface lisse et repère une bouée à une centaine de mètres qui s'allume à intervalles réguliers. OK, c'est là que je dois aller. Je resserre les sangles de mon sac à dos en me demandant si je parviendrai à nager jusque-là. Allez, Melany, tu peux le faire.

— Un, deux, trois !

Je plonge puis m'enfonce dans l'obscurité aquatique, attendant qu'il se passe quelque chose. Qu'un portail surgisse. Que les flots se divisent en deux. Qu'un sous-marin me prenne en stop. Raté. Il n'y a que les algues qui me chatouillent et ce noir d'encre. Mes poumons n'en peuvent plus, je commence à remonter vers la surface. J'ai les bras endoloris quand je respire enfin, je crache de l'eau et retourne vers la jetée.

C'est alors que j'entends des éclats de rire. Un mec sur le quai, en train de se bidonner parce que je barbote comme un têtard.

— Un peu frisquet, le bain de minuit, non ? ironise-t-il.

À mesure que j'approche du quai, les traits de ce petit malin se précisent : il est jeune, mon âge, mâchoire carrée, pommettes hautes, cheveux dorés et ondulés ramenés en arrière, yeux d'un bleu très clair. Exactement le genre de mec qui me fait tomber à la renverse.

Quand j'agrippe le rebord pour me hisser, il avance d'un pas en souriant… Merde, ce type va m'écrabouiller les doigts sous sa boot.

CHAPITRE 3

+ MELANY +

Alors que je m'apprête à me rejeter en arrière pour éviter ce coup bas, l'inconnu m'attrape le bras et me tire.

À plat ventre sur le bitume, je l'observe. Ami ou ennemi ?

— Tu es sur le mauvais quai ! me dit-il.

Merde, c'est vrai. Il y a maintenant un groupe de jeunes sur le quai principal, tous équipés de sacs à dos. Je m'assieds avec dignité, même si mes cheveux trempés ressemblent à des algues bleues et que mon maquillage dégouline lamentablement. Le bel étranger doit me prendre pour un raton laveur qui s'est paumé en mer.

— J'avais peut-être juste envie de nager.

Je m'éponge avec ma manche de veste, ce qui ne change pas grand-chose vu qu'elle est trempée aussi. Le beau blond me tend la main, je l'ignore et me relève seule.

— C'est ça ! répond-il alors. C'est le quai numéro neuf, pour info. Tu as lu le chiffre à l'envers.

Il ramasse son sac et s'éloigne nonchalamment vers la ribambelle de candidats. J'attends quelques minutes avant de le suivre ; je ne veux pas avoir l'air de celle qu'on vient de sauver d'une grosse boulette, même si c'est bien ce qu'il vient de faire.

Voilà, je suis avec les autres, dans la file. Je compte une trentaine de filles et de garçons. Personne ne parle, à part mon mystérieux sauveur. Il est tout devant, avec un garçon et une jolie fille aux longs cheveux noirs. Elle rit beaucoup, cette greluche, lui touche le bras. Je la déteste par principe.

Je sors mon téléphone, que, heureusement, j'avais pris la précaution d'emballer. Il est 2 h 55, encore cinq minutes à attendre. On y est presque. Si un bateau vient nous chercher, je serai encore plus ridicule que je le craignais.

— Hé, mais t'es trempée ! s'exclame mon voisin.

— Ça te pose un problème ?

— Non. Chacun son truc, c'est ma devise. (Il le prononce avec une telle conviction que cela me fait sourire.) Tu as peur ? demande encore ce bavard aux cheveux noirs de jais et à la silhouette dégingandée.

— Pas du tout. Toi ?

— Non plus. Je suis prêt pour l'Academy.

Ha, ha ! Il n'a pas l'air si prêt que ça. Comme tous ceux qui attendent, d'ailleurs. Mis à part le bel inconnu : ce dernier respire la confiance en soi et semble paré à tout.

Un sursaut général agite les rangs lorsque résonnent les alarmes de tous les téléphones portables. Il est 3 heures.

Les participants se jettent à l'eau les uns après les autres, on dirait un ballet synchronisé. Mon tour arrive. Cette fois, je sais où aller : je me contente de suivre le nageur qui me précède. La mer est toujours aussi sombre, mais une forte lueur est apparue au loin. Je vois toutes les têtes nager dans sa direction.

La lueur s'intensifie encore, on dirait maintenant un cylindre blanc immobile, comme un ver incandescent au milieu de l'océan. Un portail. Voilà comment nous allons pénétrer dans l'Academy.

Ceux qui l'atteignent avant moi sont emportés à l'intérieur, comme aspirés par une paille. Un titan est peut-être en train de boire son litron de pinard, et nous sommes les grains de poussière qui se perdent dans son verre.

Mon cœur martèle, mes poumons brûlent. Je ne pourrai pas retenir ma respiration encore longtemps. J'atteins le portail. Mes doigts poussent la barrière. Si je ne fais pas attention, ma main pourrait être arrachée par son aspiration brutale.

C'est bizarre, ça ne marche pas.

D'une impulsion de jambes, je me propulse en avant et, cette fois-ci, le tourbillon m'avale. Je suis à l'intérieur du portail, mais emportée par le courant. Je n'arrive pas à me concentrer, je tournoie comme une barbe à papa dans son baquet. Un gars près de moi, avec le sourire jusqu'aux oreilles, fait des sauts périlleux. Débile.

Une forme sombre qui se déplace sous mes pieds attire mon attention. Est-ce une créature aquatique intriguée par toute cette animation ?

Non, c'est surnaturel.

Quand j'écarquille les yeux pour mieux voir, j'ai l'impression que l'eau me regarde. Une froideur me transperce, comme si une lame s'insinuait jusqu'à mon âme. Quelqu'un se déplace aussi vite que le portail…

Curieux : quand je tends la main, le bout de mes doigts fend l'eau et le portail. Soudain, le vortex m'expulse, je suis jetée comme un sac d'ordures en fin de semaine.

Paniquée, je me débats dans l'eau froide en me tordant à droite à gauche. J'essaie de me repérer. Je ne vois plus rien, la lumière a disparu. Je suis seule et mes poumons brûlent. Je vais me noyer dans ces profondeurs, personne ne retrouvera mon corps. Sophia ne saura jamais ce qui m'est arrivé, j'aurai échoué avant même d'avoir commencé…

Je ne parviens plus à penser… Si je renonce à me battre et que j'ouvre la bouche, l'eau s'engouffrera dans mes poumons, ce sera la fin. Pourvu que ça ne fasse pas trop mal.

Deux mains me saisissent par la taille et me retournent comme une crêpe. C'est le beau blond du quai. Il attrape mon visage et presse ses lèvres sur les miennes. Je ne comprends pas ce qui se passe, puis je sens que la pression qui me comprimait la tête et la poitrine s'atténue : le mec est en train de m'insuffler de l'oxygène.

Mon sauveur me remonte à la surface à grands coups de jambes. Je suis traînée hors de l'eau sur les rochers, où je tousse et crache de l'eau salée. Des points noirs dansent devant mes yeux. Nous sommes dans une grotte aux parois parsemées de quartz. De longues stalactites ruisselantes et tachetées de vert pendent du plafond. Le flic-floc des gouttes résonne. Au fond de la grotte, j'aperçois une faille où virevoltent des faisceaux lumineux bleus et verts. L'entrée de l'Academy ?

— Pourquoi elle est là ?

Sympa. C'est la fille aux longs cheveux noirs qui vient de parler. Sa copine, une rondelette, me regarde avec mépris et dit :

— Elle est aussi bleue que ses cheveux.

Je tente de m'asseoir, mais chacun de mes membres pèse une tonne et j'ai des crampes partout. Cette fois-ci, le blond ne me tend pas la main, il me tire par les pieds, et sans douceur en plus.

— Allez, Blue, tu n'es pas morte. Ce sera pour plus tard.

Il rejoint les deux filles. Le trio s'éloigne dans la grotte. Je pourrais lui courir après pour le remercier de m'avoir sauvée une fois de plus, mais je suis trop mortifiée. Inutile de me donner en spectacle. Du coup, je rattrape le mouvement général. Nous ressemblons à des rats avançant dans un égout.

Le bavard est à nouveau près de moi.

— Tout va bien ? me demande-t-il.

— Impec'.

— Je m'appelle Ren.

— Melany.

Maintenant que je touche au but, mes nerfs se tendent. L'Academy. Aucun retour en arrière n'est possible. Encore quelques pas et je serai obligée de m'engager corps et âme à rejoindre l'armée des dieux. On n'en ressort pas de son propre chef : c'est soit l'expulsion, soit la mort.

Le dernier pas. J'entre dans un nouveau monde. Littéralement.

Le ciel est d'un bleu éclatant, je n'ai jamais vu une couleur pareille. Quelques rares nuages planent en un cercle parfait au-dessus de l'immense bâtiment gris qui ne peut être que l'Academy. Aux quatre coins, des tourelles élancées surmontées de flèches, avec de grandes fenêtres cintrées sur trois niveaux. Les vitraux projettent une mosaïque de vert, de bleu et de jaune comme des lasers.

Le chemin pavé qui mène à l'Academy est bordé d'arbres sans feuilles (à cause du vent ?). Sur la droite, je remarque un labyrinthe de haies, dont l'entrée est gardée par deux soldats de pierre, l'épée levée, parés au combat.

Ren déglutit, l'air angoissé.

— Il paraît que les statues placées autour de l'Academy sont de vraies personnes qui ont été transformées en pierre par le regard de Méduse. Si tu entends un sifflement de serpents, c'est qu'elle n'est pas loin.

— Mais non, c'est juste une histoire idiote pour effrayer les cons. Méduse existe sûrement, mais de là à ce qu'elle se promène avec des serpents à la place des cheveux !

— On s'écarte, les nouveaux ! Place ! crie une voix.

Bousculé, Ren tombe sur moi. Deux créatures s'avancent : un centaure aux longs cheveux de la même couleur que son corps de cheval et une femme très grande, avec des boudins verts sur la tête. Une masse emmêlée et remuante comme une auréole animée. On dirait même qu'il y a des petits visages à chaque extrémité.

Elle se tourne vers moi et me regarde de ses yeux complètement blancs, dépourvus de pupille. Elle n'a pas de cils non plus, juste des fentes en forme d'amande. Elle sourit, dévoilant ses dents effilées comme des rasoirs.

Le centaure nous toise avec dégoût.

— Tss, ils recrutent vraiment n'importe qui, de nos jours. On avait plus d'allure, à mon époque.

— C'était il y a des milliers d'années, Chiron. Le monde change, lui répond la tête à serpents.

Puis ils nous tournent le dos et s'éloignent. Ren me donne un coup de coude dans les côtes.

— Tu disais quoi, déjà ?

Je suis bouche bée. J'hallucine ou je suis déjà arrivée au purgatoire ? Les rumeurs et histoires sur les dieux et les demi-dieux seraient donc bel et bien véridiques ?

CHAPITRE 4
MELANY

Abasourdie par l'apparition de Méduse et Chiron, je garde profil bas tout le long du chemin jusqu'à l'Academy. Inutile d'attirer de nouveau l'attention. Je n'arrête pas de penser que les dieux sont au courant de ma fraude et qu'ils ont le pouvoir de me démasquer en un clin d'œil. Je suis devenue encore plus paranoïaque qu'avant.

Nous approchons maintenant de l'école, que je trouve de plus en plus impressionnante. Vue de loin, je lui donnais trois étages, mais en réalité les portes sont tellement hautes qu'on croirait une cathédrale gothique ou un château médiéval, construit pour résister à n'importe quel siège. La structure est en pierres sombres avec des arêtes vives. Il n'y a rien de réconfortant ou de chaleureux dans cet endroit.

Lorsque les premiers de notre groupe se présentent devant les immenses portes – bien évidemment, c'est le gars qui m'a sauvée et son fan-club –, elles s'ouvrent sur leur passage.

Cinq minutes plus tard, je traverse à mon tour cette grande arche d'entrée. Une vibration étrange agite mon corps ; d'un coup, ma peau est sèche, de même que mes vêtements et mon sac à dos. Je regarde autour de moi pour vérifier si d'autres ont ressenti ce phénomène, mais pas facile de trancher : ils ont l'air soit béats d'admiration, soit transis de terreur. Quoi qu'il en soit, j'ai l'impression qu'ils n'ont rien remarqué.

Nous sommes maintenant rassemblés dans une vaste antichambre. Je décide de rester aux côtés de Ren, qui est bien plus calme que moi. (J'ai les nerfs en pelote, comme une grosse boule d'énergie.) Un murmure d'excitation parcourt mes pairs alors qu'un homme à la longue barbe grise soigneusement taillée descend l'escalier de marbre en face de nous.

Une fille s'agrippe à mon bras.

— Bon sang ! C'est Zeus, murmure-t-elle.

Je me démanche le cou pour avoir une meilleure vue. Le dieu nous contemple avec un rictus amusé. Il n'a l'air ni tout-puissant ni omniscient. Ce Zeus ressemble plutôt à un vieil homme fatigué de sa promenade, habillé de vêtements amples pour être à l'aise : une tunique et un pantalon en lin, un peignoir par-dessus.

— Bienvenue, aspirants.

Sa voix résonne sur les murs et tout autour de nous. Elle porte au point que mon cœur vibre. J'ai l'impression d'être collée à un énorme haut-parleur dans une rave-party et que le DJ vient de se lâcher à fond les ballons. Hé bé, quelle entrée en matière !

— Vous avez été conviés ici parce qu'il y a quelque chose de spécial en vous. Vous avez été choisis parmi des millions d'autres jeunes gens parce que dans votre lignée familiale coule le sang des dieux.

Merde, je suis cuite. Je n'ai certainement pas ça dans les veines.

La fille près de moi continue de me serrer le bras, surexcitée.

— Je le savais… Je le savais, murmure-t-elle.

Les yeux de Zeus brillent, sa voix doit sûrement s'entendre dans tout le bâtiment.

— Vous êtes plus forts, plus intelligents, plus aptes et en meilleure santé que le reste de la population, c'est pourquoi vous êtes ici. Pour vous entraîner à devenir les soldats les plus féroces qui aient jamais mis les pieds sur terre.

Des applaudissements et des vivats éclatent. Je ravale la bile qui me monte dans la gorge, archiconvaincue que je ne devrais pas me trouver là. Est-ce que je peux encore faire demi-tour et sortir de l'Academy ? Ou bien je serais arrêtée illico ?

— L'entraînement sera difficile… Très difficile, même. On vous demandera de pousser vos limites au-delà de l'imaginable. Il y aura de la sueur, des larmes, beaucoup de sang versé dans les couloirs de cette académie bien avant le terme de vos trois années de formation.

Je jette un coup d'œil autour de moi. Certains candidats boivent les paroles de Zeus comme du petit-lait, d'autres ont les yeux rivés sur leurs pieds, trop paniqués pour regarder le dieu des dieux. J'aperçois même un garçon qui tremble comme une feuille.

En ce qui me concerne, mon cœur cogne si fort qu'il résonne dans ma gorge, mais ce n'est pas de la peur. Plutôt de l'exaltation. Je vais enfin pouvoir prouver ce que je vaux. Prouver que je vaux toutes les cellules qui se sont combinées dans des schémas complexes pour faire de moi une personne ! J'ai peur d'être découverte, mais la sueur, les larmes et le sang ne sont pas un souci. J'en ai déjà versées avant d'arriver jusqu'ici.

— Durant cette première année, vous serez formés à toutes les disciplines, physiques et mentales, ce qui nous permettra de juger la nature de vos pouvoirs et de vous orienter ensuite vers un dieu. En fin d'année, vous affronterez douze épreuves. Une par dieu. Si vous survivez, vous serez placés dans le clan du dieu qui vous correspond.

Un murmure s'élève. Les noms de divers dieux sont prononcés : Poséidon, Athéna, Apollon… Une jolie blonde dit :

— Moi, c'est forcément le clan d'Aphrodite.

Je suis à la fois triste et en colère pour cette pauvre fille : pourquoi penser que son look est ce qu'elle a de plus spécial ? À entendre mes congénères, ils sont si emballés par l'idée d'appartenir à tel ou tel clan qu'ils semblent avoir raté le « Si vous survivez ».

Personnellement, je ne sais pas quel dieu m'inspire le plus. Bien évidemment, je n'y ai jamais réfléchi parce que je ne m'attendais pas à être appelée.

Un bourdonnement étouffé que je ne parviens pas à identifier m'interpelle soudain. Je me retourne pour voir qui a parlé. Un garçon me lance un drôle de regard puis m'ignore. Près de lui, une fille captivée par Zeus qui ne m'a sûrement pas remarquée. Ai-je rêvé cette voix ? Elle était pourtant sonore.

— Sachez-le, jeunes aspirants, vous ne réussirez pas tous.

Le silence tombe comme une chape de plomb.

— Certains échoueront. Et vous ne serez pas renvoyés chez vous… Jamais vous ne pourrez rentrer chez vous. Les perdants seront expulsés de l'Academy et condamnés à vivre dans la misère pour le restant de leur vie. Personne n'aura pitié de vous. Personne ne vous aidera. Vous demeurerez à jamais les perdants.

On entend voler une mouche. Je me couvre la bouche pour étouffer le bruit de ma respiration. J'entends le tic-tac d'une pendule, j'ai l'impression que mes tympans vont éclater.

Zeus sourit, puis frappe dans ses mains, un bruit de tonnerre s'en dégage et fait trembler les fondations de l'édifice.

— C'est l'heure d'aller vous installer dans vos dortoirs. Une fête est prévue ce soir dans la grande salle, vous pourrez manger, boire et vous amuser. Votre entraînement commence demain, ajoute-t-il avec un large sourire.

Un couple apparaît en haut de l'escalier. L'homme a l'air tout droit sorti d'un magazine de mode : cheveux courts et épais, visage ciselé, pommettes taillées au cordeau, une bouche faite pour embrasser, des yeux bleus perçants encadrés par une monture de lunettes carrée. Il porte un pull moulant qui souligne sa musculature et un jean qui, j'imagine, moule un arrière-train parfait. Toutes les filles, et quelques mecs, se pâment. Moi aussi, j'avoue. Ce doit être Éros.

Son alter ego est tout aussi attirante : des yeux bruns sensuels, une cascade de cheveux longs et ondulés, des lèvres pleines et charnues peintes en rouge, un nez majestueux. Elle porte une simple robe rouge qui enserre ses seins pommés et ses hanches galbées. Au bout de ses interminables jambes fuselées, des petits pieds chaussés de talons rouges. Psyché. Les regards de la gent masculine sont rivés sur elle.

— Si les garçons veulent bien me suivre, je vous emmène à vos dortoirs, dit-elle avec un sourire ensorceleur.

Il y a soudain une course folle vers l'escalier. Je suis même bousculée par deux abrutis.

— Mesdames, suivez-moi ! lance Éros, tout sourire.

C'est la même foire d'empoigne, les filles veulent toutes se placer au plus près du dieu. Je suis contente de rester en queue de peloton. Éros coche toutes mes cases en matière d'idéal masculin, mais je ne suis pas là pour tomber amoureuse… Quoique, mon bel inconnu sauveur est loin de me laisser indifférente.

Sur le trajet à travers de longs et larges couloirs, Éros parle avec désinvolture de la fête prévue et du plaisir que ce sera.

— Il y aura des plats incroyables et Dionysos comme DJ. Il est fort, c'est lui qui a aidé les Daft Punk à leurs débuts. Et il faisait la fête avec Mozart. Ne répétez surtout pas que c'est moi qui vous l'ai dit, ajoute-t-il avec gourmandise.

Une fille qui le colle depuis le début glousse comme une dinde.

— Vous serez là aussi ? lui demande-t-elle.

— Ça se pourrait, répond-il avec un sourire désarmant. Si tu me réserves une danse !

Elle manque de s'évanouir, sa voisine la retient par le bras.

— Nous y voilà, mesdames. Voici vos dortoirs. À vous de choisir vos chambres. Dépêchez-vous, celle qui se retrouvera sur le carreau sera obligée de cohabiter avec Méduse. Et elle n'est pas très… euh… amicale !

Les filles détalent comme des lapins en fuite, c'est la cohue dans les pièces les plus proches de l'escalier.

Je choisis d'aller au fond du couloir, avec l'espoir d'y gagner une chambre individuelle.

J'entre dans une pièce sombre… et trébuche sur un truc au beau milieu du passage.

— Bordel de…

— Oh, pardon, je suis vraiment désolée !

Une forme remue, puis se lève. La lumière inonde soudain la pièce, une fille aux cheveux roux est là.

— Qu'est-ce que tu faisais par terre ? je demande.

— Je lui parlais. (Elle tient une souris par la queue.) Pour lui expliquer qu'elle doit se chercher un autre endroit pour vivre.

Je remarque alors l'état de la chambre, couverte de toiles d'araignée dans tous les coins et du sol au plafond. Il y a de la poussière partout, le carreau de la fenêtre est trop crasseux pour qu'on voie au travers, deux lits sont empilés l'un sur l'autre. Et le nombre de minuscules crottes sur le plancher en dit long sur la nature des occupants.

— Ce sera très bien quand on aura nettoyé et réparé les lits, ajoute-t-elle. Bonjour, je m'appelle Georgina Thrace, au fait.

— Melany Richmond. Y a plus qu'à trouver un balai !

Une heure plus tard, notre chambre est propre, les lits sont rafistolés, les draps et les couvertures bordés. Georgina est une fille super efficace, elle s'est tapée le plus gros du boulot. C'était même surprenant parce qu'elle est plus potelée que robuste.

— Je crève de faim, pas toi ? je lui demande.

— Pareil !

Nous ressortons ensemble et suivons un groupe de filles. Éros n'a pas donné d'indication pour trouver la grande salle, mais, une fois que nous sommes en bas, les boum-boums de la musique permettent de s'orienter facilement.

Après une série de virages et un dernier à gauche, nous déboulons devant une salle… ou plutôt une caverne avec un plafond en forme de dôme, soutenu par des piliers aux mille incrustations. C'est déjà bourré à craquer. Il n'y a pas que les nouvelles recrues, on dirait bien que les deuxièmes et troisièmes années sont de la partie, ils rigolent déjà très fort. Je suis épatée. Franchement, les fêtes organisées par Callie font pâle figure à côté de celle-ci.

Les gargouillis de mon estomac me rappellent pourquoi je suis venue. Manger ! En cherchant le buffet, je tombe sur une flottille de petits robots qui se promènent avec des plateaux chargés de victuailles. Parfait, je fonce sur les sandwichs. Dans ma hâte, je manque de renverser le plateau. La machine me fusille du regard, me jauge… Pourtant, c'est une machine, non ? Bizarre, j'attrape une pile de canapés et m'éloigne en vitesse de cette chose courroucée.

La fête bat son plein, ça mange, ça danse, ça rigole comme des tordus. La musique n'est pas mon style, je préfère le métal, mais bon, il en faut pour tous les goûts. De toute façon, avec mon sens du relationnel quasi inexistant, je préfère regarder les autres plutôt que de participer.

Je remarque une jolie fille noire qui se fait draguer sans pitié et sans relâche dans un coin. Son langage corporel crie « Dégage ! » au mec, mais ce connard continue d'abuser. C'est un grand musclé. Il se penche maintenant sur elle, reluque ses seins, touche ses boucles. Voilà qui ne me plaît pas du tout, je m'approche.

— Laisse-moi tranquille, je t'ai dit que je ne voulais pas danser, s'écrie-t-elle en essayant de le contourner.

— Si tu préfères, on s'embrasse, répond le mec.

Elle le repousse, il l'attrape par le bras. Ah, non.

— Elle t'a demandé de la laisser tranquille, t'es sourd ou t'es con ?

— Occupe-toi de tes fesses.

— OK, t'es pas sourd, donc t'es con.

Le type est sacrément grand. Je visualise son attaque avant même qu'il bouge. Les images défilent dans ma tête. Il fonce sur moi, le poing en avant, mais j'esquive son coup, puis j'attrape son poignet à deux mains, le tire d'un coup sec et balaie sa jambe avec la mienne. Hop, le balourd est à terre en moins de deux secondes. Des rires s'élèvent autour de nous. Le connard est à plat ventre, étalé de tout son long.

J'entraîne la fille à l'écart de la scène, nous rejoignons la piste de danse.

— Merci d'être venue à mon secours.

— Quand tu veux. Je ne supporte pas les brutes.

— Je m'appelle Jasmine.

— Melany.

— C'est complètement dingue ici, hein !

Le DJ, qui a les cheveux en pétard et les yeux maquillés, vient de sauter sur un robot de service. Il agite les bras en hurlant :

— Vous êtes prêts à devenir foooouuus ?

Les réponses ne se font pas attendre, toutes les voix s'égosillent :

— Ouiiii !

Le DJ fait un salto arrière, retombe adroitement sur ses pieds et court se replacer devant ses platines. La chanson suivante déclenche une frénésie générale à laquelle je succombe aussi. La musique est contagieuse, pénètre dans mes muscles et mes os.

Je danse avec Jasmine, chaque pulsation nous balance en rythme. Je bondis comme un kangourou, quand, soudain, j'entre en collision avec… mon sauveur ! Son sourire fait s'envoler mille papillons dans mon ventre.

— Tu t'amuses bien, Blue ?

— Oui. C'est quoi, ton nom ?

— Je te le dis, rien qu'à toi ! Approche !

C'est lui qui me tire tout près, mais la fille aux cheveux noirs s'interpose.

— Tu t'encanailles, Lucian ?

Elle me lance un regard de biais, clairement dégoûtée par tout ce qui me concerne. C'est fou comme cette nana et ses manières me rappellent Callie.

La moutarde me monte au nez, je mettrais volontiers mon poing dans son nez de pimbêche. Je dois m'éloigner avant de commettre une bêtise de plus. Inutile d'être expulsée avant le début des cours. Je pars donc à la recherche d'un coin tranquille et quitte la grande salle avec l'intention d'aller respirer l'air frais… mais un bruit de pas se rapproche. Je me colle dans un renfoncement, c'est peut-être interdit aux élèves par ici.

Quand je jette un petit coup d'œil, j'aperçois une belle blonde dans le couloir désert. Visiblement, c'est une déesse. Elle est grande, avec des vagues de cheveux dorés qui cascadent jusqu'à la taille. Sa robe d'un blanc immaculé traîne royalement derrière elle.

Quand elle se tourne, je vois son visage, sculpté dans le marbre le plus opalin. Cette femme est d'une beauté extrême. Elle a des yeux aussi bleus qu'une flamme incandescente. C'est sûrement Aphrodite. Les histoires vantant sa beauté sont en dessous de la réalité.

Je n'ai pas à attendre longtemps pour comprendre ce qu'elle trafique ici : une silhouette débouche du couloir opposé. Un homme, ou plutôt une montagne de muscles au crâne rasé. Il a tout d'un sergent-chef sous stéroïdes. Des amoureux ? Ils s'étreignent, s'embrassent, mais elle ne cesse de surveiller les alentours entre deux baisers. Un petit rancard secret entre deux amants, oui.

— Tu n'as pas été suivi ? demande-t-elle.

— Non. Tu es inquiète ? Héphaïstos a des soupçons ?

— Même si je rentrais rouge de sang, il ne remarquerait rien ! Tout ce qui l'intéresse, ce sont ses jouets et ses engins.

— Il ne sait pas que la clé a disparu ?

Je me penche pour mieux capter ce qui se trame.

— Non, il…

Elle tourne la tête vers l'endroit où je me cache. Je recule précipitamment, mais le talon de ma ranger râcle les dalles. Merde.

Je n'attends pas de savoir s'ils m'ont découverte, je file en quatrième vitesse. La dernière chose dont j'ai besoin, c'est d'affronter un couple de dieux persuadés que j'ai maté leur rendez-vous clandestin.

CHAPITRE 5

MELANY

Le lendemain matin, un gong de fin du monde me fait tomber du lit. J'atterris sur le carrelage dur et froid. Le pire, c'est qu'il fait encore nuit dehors. Sûr et certain, je n'ai pas dormi plus de quatre heures.

— C'est l'heure d'aller briller. Debout, Melany ! L'Olympe n'attend que nous !

Une Georgina tout sourire est penchée sur mon lit, déjà en uniforme de l'Academy : un polo rouge et un pantalon militaire à poches gris anthracite. Pomponnée, réveillée, prête à affronter cette première journée. Ce qui est loin d'être mon cas, j'ai les yeux collés et l'haleine pas fraîche.

— Toi, t'es du matin, on dirait, je bougonne.

Georgina éclate de rire et m'aide à me relever.

— Tu connais le dicton, le monde appartient à ceux…

— Ouais, je connais… mais chez moi, c'est jamais avant midi. Le monde m'attend…

— Ha, ha ! Tu devrais te dépêcher d'aller prendre ta douche avant le premier cours, dit-elle en me tendant un dossier. Tiens, c'est ton emploi du temps, je m'en suis occupée pour toi. Je suis du matin, tu l'as compris !

Cette fille est adorable.

Je consulte mes cours et le nom de mes enseignants… C'est fou, j'ai encore du mal à croire que je suis ici, à la Demigods Academy…

8 heures : histoire des dieux, Héra.

10 heures : maniement des armes, Arès.

Midi : déjeuner.

13 heures : archerie, Artémis.

15 heures : techniques de combat, Héraclès.

17 heures : dîner.

19 heures : prophétie, Apollon.

21 heures : temps libre.

23 heures : extinction des feux.

Je continue de lire l'emploi du temps de la semaine, émerveillée par les intitulés des cours qui nous seront dispensés.

— Cours de transformation ? C'est quoi, ça ?

— Je suppose qu'on apprend à se transformer ! répond Georgina.

— On apprend aussi à voler, tu crois ? Demain, on a éléments avec Zeus et Poséidon.

— Oui ! J'ai hâte de commencer celui-là. Il y aura aussi Déméter comme prof. J'ai toujours voulu la rencontrer. Ma famille lui fait des offrandes depuis que je suis bébé.

La Melany d'avant aurait répondu que la déesse ne les a sûrement jamais reçues ; mais c'était jusqu'à hier, alors que je refusais de croire que des êtres supérieurs écoutaient les lamentations des mortels. Aujourd'hui, je suis parmi les dieux, ils vont m'entraîner à combattre dans une guerre dont j'ignore tout. Donc je m'abstiens de remettre en question les propos de Georgina.

Une demi-heure plus tard, Georgina, vingt autres filles et moi dévalons l'escalier principal. Jasmine est à l'avant du groupe, j'espère pouvoir la rattraper. Les garçons nous rejoignent.

Nous sommes accueillis en bas des marches par une femme. Avec son chignon désordonné et ses lorgnons qui pendent au bout d'une chaîne, elle ressemble à une bibliothécaire prétentieuse.

— Bonjour. Je m'appelle Pandore. Je suis votre conseillère pédagogique et votre guide pour cette première journée. Je répondrai à toutes vos questions sur l'Academy. N'hésitez jamais à venir me trouver.

Elle prend la tête du groupe et nous conduit à travers un couloir très large – l'Academy est un labyrinthe de couloirs –, puis finit par s'arrêter devant une immense porte. Des étoiles sont gravées dessus. Un planétarium ?

— Vous avez histoire des dieux dans cette salle. Ce cours est très important, vous apprendrez tout ce que vous devez savoir sur chacun des dieux et déesses. Cette matière vous préparera aux épreuves de fin d'année.

Une grande blonde lève la main.

— Oui ? répond Pandore.

— C'est dur, ces épreuves ? Il paraît qu'un garçon est mort pendant celle… avec Zeus.

Des murmures nerveux s'élèvent. Pandore a un sourire pincé.

— N'écoutez pas les rumeurs, c'est une perte de temps. Entrez, maintenant. Votre journée commence.

Les portes s'ouvrent sur une salle plongée dans la pénombre. Je me demande si les autres ont remarqué que Pandore a éludé la question. Sûrement pas, ils sont trop occupés à regarder le plafond en forme de dôme. Il est illuminé par des milliers d'étoiles. C'est bien un planétarium.

Au centre, une estrade ; autour, une cinquantaine de bureaux avec des chaises. Bien sûr, les habituels fayots se bousculent pour les places de devant, j'en choisis une éloignée du pupitre. Georgina me suit. J'ai l'agréable surprise de voir Jasmine s'installer près de moi.

Héra, notre enseignante du jour, apparaît. Elle en jette, avec ses cheveux décorés de fleurs et enroulés comme un turban autour de la tête et sa longue robe fluide bleu foncé. Elle porte des bijoux étincelants au cou, aux oreilles et sur chacun de ses doigts. Elle brille de partout, quoi !

— Le Ciel, la Terre, le cosmos entier ont été créés par Uranus et Gaïa, déclare-t-elle sans préambule.

Un trait de lumière jaillit entre ses mains, grossit, puis se transforme en une boule bleue qu'elle lance au plafond. L'orbe rebondit d'étoile en étoile et les fait tournoyer une à une comme des toupies. En quelques minutes, le dôme est une spirale resplendissante, j'ai l'impression d'être dans un manège enchanté.

Une étoile se distingue plus particulièrement, on reconnaît des continents et des océans. Elle tourne sur un axe incliné. Ce n'est pas une étoile, c'est la Terre.

— Le Ciel et la Terre ont donné naissance à douze titans féroces et impitoyables. Océanos…

Un ressac sonore de vagues déferlantes remplit soudain la pièce. Puis un maelström surgit du sol. Quelques étudiants tout proches de moi sautent de leur siège en criant. On s'y croirait, c'est incroyable ! Je vais sûrement ressortir trempée d'ici. L'eau se déverse à travers la salle, se soulève en un monstre gigantesque à huit bras tourbillonnants.

— … a dominé les mers, les océans, les lacs et les rivières, broyant les navires, noyant les marins et tout ce qu'il croisait sur sa route… Hypérion, pétri dans la matière du soleil…

Une forme avec d'énormes ailes de feu apparaît en haut du dôme dans un *scrriiiiitch* strident. Une vague de chaleur l'accompagne. Les bras d'Hypérion, semblables à des colonnes de flammes, s'agitent dans tous les sens. Quand une boule de feu me fonce dessus, je rentre la tête dans les épaules. Elle poursuit sa course et va se désintégrer derrière moi dans le mur de pierre.

— … a tout brûlé sur son passage…

Héra continue de nous présenter les douze titans en trois dimensions, insistant sur leur côté monstrueux et destructeur. Puis elle parle du Tartare, ce désert puant, sombre et gelé dans lequel ils sont retenus prisonniers, un lieu encore plus profondément enfoui que le monde souterrain. Les dieux ont pour mission première de s'assurer que les titans ne s'en échappent jamais.

— Une mission qui sera aussi la vôtre, ajoute-t-elle d'une voix crescendo. Vous serez l'armée des dieux, formés pour combattre à nos côtés au cas où l'ennemi se déchaînerait sur terre.

Oh là là, si un seul de ces titans s'évadait, les conséquences seraient dramatiques… ou si quelqu'un l'aidait à en sortir… J'imagine toujours le pire, mais les messes basses que j'ai surprises la nuit dernière me reviennent en mémoire. « La clé. »

Après le cours d'histoire, je retrouve Jasmine.

— C'était dément, ce cours, hein ! s'enthousiasme-t-elle.

— Surréaliste, ouais.

— Aussi réel que toi ou moi, Melany ! intervient Georgina.

Je les présente l'une à l'autre, puis nous suivons Pandore et le reste du groupe. Le prochain cours, maniement des armes, se déroule à l'extérieur. À peine sommes-nous rangés en demi-cercle que trois hommes équipés de lances et de boucliers déboulent en hurlant. Sympa.

Les deux qui sont en treillis militaires attaquent le troisième, plus âgé, en short rouge et polo blanc.

Il a les cheveux courts comme un général des armées. C'est celui qui était avec la déesse hier soir. Donc c'est Arès.

Il nous offre une démonstration de ses talents en parant les nombreux coups que lui infligent les deux autres. Arès me rappelle mon prof de gym du lycée qui nous faisait très souvent jouer à la balle aux prisonniers. C'était son jeu préféré. On plaisantait toujours en disant qu'il dormait avec le ballon serré contre son cœur comme un enfant avec sa peluche.

Ce souvenir me fait glousser… Erreur, ce n'était pas le moment. Arès interrompt le combat d'un geste brusque. Certains de mes congénères s'écartent de moi comme si j'étais soudain devenue pestiférée. Les deux soldats d'Arès se tiennent maintenant au garde-à-vous, menton levé, leur lance pointée sur moi.

Arès me dévisage.

— Toi, viens ici ! braille-t-il.

— Moi ?

— Oui, toi. Sors du rang. Tout de suite !

Je m'avance. Georgina et Jasmine sont horrifiées, tandis que la fille aux cheveux noirs – qui s'appelle Revana, ainsi que je l'ai découvert en cours d'histoire – affiche un sourire mesquin jusqu'aux oreilles.

Arès me lance son bouclier, je l'attrape juste avant qu'il me fracasse la tête. C'est sacrément lourd, ce truc, j'ai du mal à garder l'équilibre.

— Défends-toi ! beugle Arès, en pointant sa lance sur moi.

Je brandis le bouclier, la pointe de métal rebondit dessus.

— Corbleu ! s'écrie-t-il.

Il vise mes jambes. Je réagis de nouveau juste à temps. Le choc de l'impact se répercute dans tout mon corps. Mon bras tremblant peine à maintenir le bouclier.

— Tu trouves ça drôle ? s'époumonne-t-il.

— Pas du tout !

Il abaisse enfin sa lance, puis recule d'un pas avant de s'adresser à tout le monde :

— La guerre n'est pas drôle. On ne rit pas pendant mon cours. C'est compris ? dit-il en martelant chaque mot d'un coup de lance sur le sol.

— Oui, répondent quelques voix.

— C'est COMPRIS ?! reprend Arès.

— Ouiiii !

Arès revient vers moi et m'arrache des mains son bouclier.

— Retourne dans le rang, toi.

Tête basse, je me dépêche de rejoindre Georgina et Jasmine.

— Ça va ? chuchote cette dernière.

— Ouais.

Même si mon épaule droite me fait un mal de chien.

— Formez deux rangs ! ordonne Arès. Vous allez maintenant apprendre à manier le bouclier, une arme de défense essentielle si vous tenez à vos boyaux, bande de veaux.

C'est la cohue habituelle pour se placer. Dans la bousculade, je suis séparée de Georgina et Jasmine. La bonne nouvelle, c'est que j'atterris juste à côté de Lucian. Parfait. Ce n'est pas un si mauvais début de journée.

— Pas mal, Blue ! chuchote-t-il. Ce n'est pas facile de tenir le bouclier d'un dieu.

Je remarque une fine cicatrice le long de sa mâchoire. Il la frotte, puis m'adresse un clin d'œil auquel je ne résiste pas. Je souris.

Aussitôt, une ombre se penche sur moi.

— J'ai dit qu'on ne riait pas pendant mes cours, crache Arès.

Sa mine renfrognée creuse des rides dans son visage de granit.

— Je ne riais pas, je souriais.

Oups. Il est maintenant si proche de moi que je sens son odeur corporelle.

— Dis donc, Blue Bell, va falloir changer d'attitude si tu veux garder le piercing que t'as dans le nez.

Il bouillonne de colère, je n'aime pas du tout la sensation que cela provoque sur ma peau. J'ai l'impression qu'un millier de serpents glissent sur moi pour aller enserrer chacun de mes muscles.

— Fais-moi des pompes, on verra si tu rigoles toujours après. T'arrête pas avant que je t'aie dit d'arrêter, compris, aspirante Blue Bell ?

— Oui, monsieur.

Revana ne peut s'empêcher de ricaner.

— Monsieur Arès ! je m'écrie. Vous avez entendu ? On dirait que ça fait rire quelqu'un d'autre !

Arès se tourne vers Revana. On va voir ce qu'on va voir !

— Toi ! Rejoins-la pour les pompes.

Je me place sur le terrain. Revana manque de m'écraser la main en se laissant tomber près de moi. Elle me fusille du regard, ses yeux ressemblent à deux nuages chargés d'orage. Je m'en fous.

— Je suis persuadée que t'es une fraudeuse. Quand je saurai comment tu es arrivée ici, je le dirai à Zeus et tu seras expulsée de l'Academy et exilée à vie, pauvre fille.

— Faut te détendre, Revana, tu vas attraper un ulcère !

Elle ne me quitte pas des yeux pendant ses pompes. Je ne sais pas comment cette prétentieuse peut mettre autant d'efforts à me haïr alors qu'on ne se connaît même pas. Ce doit être épuisant.

Mais c'est aussi une raison supplémentaire à ma longue liste qui explique pourquoi venir ici était sans aucun doute une très mauvaise idée. J'aurais dû rendre la boîte à Callie… Elle serait peut-être en train de faire des pompes à en vomir et pas moi.

CHAPITRE 6
LUCIAN

Je m'y préparais depuis des années, mais, depuis le début de l'Academy, j'ai perdu confiance en moi. Rien que le cours d'Héraclès, ce géant de plus de deux mètres, bâti comme un bulldozer de chantier, est hardos au-delà de l'imaginable.

Pourtant, j'ai été entraîné : rejoindre l'armée des dieux a toujours été mon destin incontournable dans l'esprit de mes parents, car Owen, mon frère aîné, a été appelé quatre ans avant moi.

Je ne l'ai vu ni n'ai entendu parler de lui depuis son départ, mais je caressais l'espoir de le retrouver ici. Espoir anéanti. Ceux qui ont terminé leur formation stationnent quelque part sur l'Olympe. Peut-être le reverrai-je quand j'aurai moi-même réussi ?

Mon père m'a initié au tir à l'arc, à la plongée et au corps-à-corps dès mes six ans. Ma famille dépose des offrandes au temple d'Arès depuis ma naissance pour demander que je rejoigne son clan. Comme mon frère.

— En rang sur une seule ligne ! beugle Héraclès.

Sa voix résonne dans le gymnase aux murs lambrissés. Tout le monde se précipite, c'est devenu une habitude.

Diego me colle, Revana n'hésite pas à éjecter une fille pour se placer à ma droite. Elle a des manières que je n'apprécie pas, mais j'imagine qu'une telle attitude est indispensable pour survivre.

En cherchant Melany, je la repère en bout de ligne, à une dizaine de personnes de moi. Je ne sais pas trop quoi penser d'elle. On ne dirait pas que cette fille est dans son élément ici : se tromper à la lecture du message, rater l'entrée du portail au point de manquer de se noyer, plus son insolence envers Arès, cela fait beaucoup. Qu'une personne douée d'intelligence prenne le risque de venir ici sans avoir été invitée me paraît complètement dingue. Bref, Blue-les-cheveux-bleus m'intrigue.

— Vous allez apprendre à vous positionner pour garder votre centre de gravité, s'égosille Héraclès. C'est en perfectionnant votre posture que vous ne serez jamais déséquilibré, peu importe comment vous bougez ou qui vous frappe.

Héraclès se lance dans sa démonstration, avançant la jambe gauche, pointant le pied droit vers l'extérieur, mains sur la poitrine, bras collés aux flancs. Belle posture.

— Maintenant, je peux effectuer n'importe quelle manœuvre, poursuit-il.

Il brandit un poing, puis l'autre, tourne sur un pied, se fend, revient en position, tout cela à une vitesse telle que nos yeux peinent à suivre ses mouvements.

— Waouh, je n'ai jamais vu quelqu'un se mouvoir aussi vite ! murmure Diego.

— Rien ni personne ne peut me renverser ! clame Héraclès.

Deux structures en bois et poutrelles métalliques montées sur roues s'avancent. Sur un claquement de doigts d'Héraclès, les deux robots lui assènent un grand coup de gourdin, que le dieu pare avec l'épaule. On entend des craquements, puis des éclats de bois pleuvent sur le sol.

Héraclès est tout sourire. La seconde série d'assauts s'achève de la même manière : les gourdins se brisent en mille morceaux. Le dieu époussète avec nonchalance les copeaux accrochés à son polo.

— Je suis invincible ! À votre tour, petits.

J'entends un gloussement. Inutile de regarder pour savoir que c'est encore Melany.

— Sérieux, vous allez nous frapper à coups de bâton ? demande-t-elle, les poings sur les hanches.

Nan mais cette nana, quel aplomb !

— Pas le premier jour. Mais en quatrième semaine, oui ! répond Héraclès, hilare. Mettez-vous en position.

J'obéis, tout comme mes congénères. Héraclès inspecte le rang. Il commente, corrige, redresse une posture çà et là. Arrivé à ma hauteur, il s'arrête, m'observe, puis, soudain, me pousse très fort. Je vacille, mais tiens bon.

— Pas mal. Ton nom ?

— Lucian Perro.

— Tu as un frère ? m'interroge-t-il avec un regard perçant.

— Oui, Owen.

Mon cœur tambourine. Owen aurait donc fait impression dans ce cours.

— OK. Tu vas essayer de renverser les aspirants les uns après les autres. Vous autres, votre mission est de l'en empêcher. Pigé ?

Il pointe du doigt une petite blonde au bout du rang pour que je commence par elle. Je vais me placer devant la pauvre fille, qui n'en mène pas large. Ses yeux sont embrumés de peur, je suis mal à l'aise pour ce que je m'apprête à lui faire subir…

Aucune résistance, elle est à terre en moins de deux secondes.

Méthodiquement, je percute, cogne, bouscule, renverse mes camarades. La plupart tombent, quelques-uns restent sur leurs jambes. Quand j'arrive face à Diego, j'ai l'impression qu'il se croit en confiance et que j'irai doucement avec lui. Eh non ! De toute façon, Héraclès me surveille de près. Diego perd l'équilibre dès la première poussée. En revanche, cette coriace de Revana tient bon, même après deux fortes ruades sous différents angles. Elle arbore un sourire triomphal.

C'est au tour de Melany. Avec son regard féroce, on dirait une guerrière.

— Prête ?

Elle lève le menton en signe de défi.

— Prête.

Je lui donne un premier coup d'épaule, elle ne bouge pas d'un pouce. Je fais une nouvelle tentative, les bras tendus. Elle balaie alors ma jambe d'un coup sec, c'est moi qui termine sur les fesses. Une vague de rire secoue la salle.

Abasourdi, je la regarde, bouche bée. Elle hausse les épaules et me tend la main pour m'aider à me relever.

— Il a dit que je ne devais pas te laisser faire, se contente-t-elle de dire.

Quand ses doigts touchent les miens, une décharge plutôt agréable me traverse la paume. Quand je me frotte la main sur le pantalon, cela continue de me picoter.

— En voilà une qui me plaît ! applaudit Héraclès. Ton nom ?

— Melany Richmond.

— Melany, la sombre ! Très bien, tout le monde en binôme, on commence l'entraînement. Vous deux, ajoute-t-il en nous désignant elle et moi, vous serez partenaires. Félicitations.

Sa consigne nous laisse pantois.

— Nous allons apprendre à cogner, bloquer et maîtriser le direct du droit, le crochet et l'uppercut. Trois coups de poing fondamentaux. Équipez-vous.

Cohue générale dans la réserve.

— En position ! ordonne Héraclès.

Il commence par nous faire une démonstration en bourrant de coups les énormes coussinets fixés sur un mannequin factice, qui me surprend par sa résistance. Ensuite, nous devons passer à la pratique en duo. Melany attaque, je suis en défense. Ses coups sont vigoureux, j'apprécie qu'elle ne les retienne pas.

— Pas mal, Blue.

— Merci.

Elle continue de me décocher coup sur coup avec puissance. C'est impressionnant pour une fille de cette taille.

— Inversez les rôles ! crie Héraclès.

Je dégrafe les tampons, Melany me tend sa paire de gants. À mon tour de mener l'assaut. Mon premier coup est timoré, je n'y mets pas tout mon poids. Elle me fusille du regard.

— Pfff, je ne suis pas fragile, tu peux y aller, hein !

— Euh… Tu es petite.

— Et toi, t'as un ego surdimensionné, mec.

Je me remets en position et lui décoche un joli coup. Le bras de Melany recule à peine. OK, c'est parti, je cogne maintenant avec toute la gomme.

Quand Héraclès sonne la fin de l'entraînement, je suis trempé de sueur, idem pour Melany.

— Hé, j'ai un tandem de rêve ! s'exclame Héraclès. Bravo, les enfants. Continuez comme ça, c'est du bon travail.

Il me flanque une claque sur l'épaule qui m'envoie valdinguer à deux pas. Melany éclate de rire.

— Tu te moques ?

— Pas du tout !

Je reconnais qu'elle et moi formons une belle équipe, alors que j'avais craint qu'elle me handicape. C'est à la fois surprenant et déconcertant comme Melany me déstabilise. Il y a sa beauté non conventionnelle, ses cheveux bleus que je crève d'envie de caresser… et plus encore. Cette fille est à part à bien des égards et elle le sait.

J'ai toujours été entouré de filles élevées dans des familles dévotes et j'ai été formaté pour le jour où je recevrai mon invitation à intégrer l'armée des dieux. La question n'a jamais été de savoir si je serais sélectionné ou non : le sang d'un dieu coule dans mes veines, de même que pour mes amis. On nous l'a toujours répété.

Et voilà que débarque cette fille complètement à l'ouest, décalée, surprenante, qui n'a même pas l'air de croire elle-même que sa place est ici. Pourtant, de nous tous, c'est elle qui a le plus de raisons d'être à l'Academy, j'en suis convaincu.

CHAPITRE 7

MELANY

Les rangs bourdonnent d'excitation, tout le monde est ravi d'aller au cours de métallurgie avec Héphaïstos. Sauf moi. J'ai juste envie de retourner sous ma couette. J'en ai assez de souffrir, assez de faire des gaffes, assez d'être épinglée au moindre sourire.

Ce matin, le cours avec Artémis a été mortifiant. Je voulais l'impressionner, c'est une sacrée bonne femme. Quand elle a tiré trois flèches sur une cible mouvante, je suis restée sans voix. Elle est parfaite, gracieuse, surdouée ; je voulais en faire autant, lui ressembler… Mais il s'avère que je n'ai absolument aucune aptitude au tir à l'arc. Je n'ai même pas réussi à atteindre la cible statique : mes flèches, trop mollasses, tombaient lamentablement avant d'arriver. Même au bout d'une heure de pratique, mes tirs étaient lamentables, alors que quasi toute la classe avait fait des progrès. D'ailleurs, Jasmine est très forte, elle a reçu les éloges d'Artémis.

Les ricanements cruels de Revana et de ses semblables m'ont presque fait pleurer de rage. Presque. Je ne pleurerai jamais devant ces gamines insupportables. Trop facile pour ces dindes qui font du tir à l'arc depuis leur plus tendre enfance.

Jasmine est adorable et me console :

— Tu feras mieux la prochaine fois. Personne ne s'attend à ce que tu sois excellente dès la première semaine d'entraînement.

— Toi, tu l'es.

— Ça doit être mon truc, répond-elle avec un haussement d'épaules. Toi, t'es une championne au corps-à-corps, Melany ! Héraclès était aux anges, pourtant il paraît que ce dieu n'est pas facile à impressionner.

— J'ai été aidée, dis-je en jetant un regard de biais vers Lucian.

Il est avec son groupe habituel : Diego, Revana et quelques autres que je ne connais pas. Pourquoi traîne-t-il toujours avec les mêmes ? Ses amis ont tous l'air mesquins et suffisants, alors que lui ne l'est pas. Pas avec moi, en tout cas. Je vois que sa bande est encore en train de médire… La tête de Lucian se tourne vers moi. Quand nos regards se croisent, mon estomac se serre.

Pandore nous emmène au prochain cours, nous descendons un escalier en colimaçon. J'ai l'impression de la suivre dans le dédale pendant des heures.

— À ton avis, on a déjà descendu combien d'étages ? je demande.

— La forge est dans les entrailles de la terre, me répond Georgina.

— Sérieux ?

— Oui, Melany.

C'est Mia qui vient de nous rattraper dans l'escalier.

— Bravo, Jasmine, tu es brillante au tir à l'arc ! la complimente-t-elle.

Jasmine rougit, gênée. Je remarque qu'elle suit des yeux Mia lorsque celle-ci prend la tête de notre groupe.

— J'ai raté un épisode, Jasmine ? dis-je pour la taquiner.

— Mais non ! grogne-t-elle.

— On dirait pourtant qu'il y a quelque chose entre vous deux !

— Comme toi avec Lucian.

Je n'ai pas le temps de protester, nous voici arrivés dans les « entrailles de la terre ». Sur notre droite s'ouvre un tunnel aux parois rugueuses. À chaque pas, la température semble s'élever d'un degré. Une lumière orangée brille au loin, des bruits d'enclume et de machines résonnent… La fameuse forge d'Héphaïstos.

Des « Oooh ! » et des « Aaah ! » fusent lorsque nous débouchons dans l'antre, bien plus vaste que je l'imaginais : la grotte est immense, c'est même une véritable cathédrale de pierre, une ville souterraine, avec des marches menant à des ponts qui enjambent des rivières de métal en fusion et des plateformes circulaires. Sur la plus grande, je vois des soufflets mécaniques attisant les flammes d'une forge qui ressemble à la gueule d'un dragon. Grandiose.

Un homme émerge seul au milieu des fumées et vapeurs.

— Bienvenue à la forge.

Sa voix de baryton domine le rotor des énormes engrenages.

Jasmine me saisit la main.

— Je ne veux pas être ici, murmure-t-elle.

— Allez ! Qu'est-ce qui peut nous arriver ?

— On pourrait glisser d'un pont et tomber dans le feu, répond Georgina d'une voix lugubre.

Je fronce les sourcils pour qu'elle se taise, ce n'est pas le moment d'imaginer le pire.

D'autres aspirants sont également nerveux, voire affolés, lorsqu'Héphaïstos nous fait signe de le rejoindre devant la gueule du dragon. Je garde les yeux braqués droit devant moi, je préfère ne pas jeter de coup d'œil par-dessus bord en traversant le pont. Je fais l'autruche, quoi !

Il nous demande de nous répartir autour de longues tables au-dessus desquelles sont suspendus des marteaux, des pinces, des limes, etc. De part et d'autre de cet espace, deux foyers rougeoient, avec devant d'énormes enclumes.

Héphaïstos attend en silence. J'en profite pour l'observer. Comparé à d'autres dieux, ce n'est pas un canon de beauté. Sa tête est difforme, ses cheveux bouclés, pourtant longs, ne parviennent pas à dissimuler la cicatrice qui court le long de son cuir chevelu. Et sa moustache épaisse ne couvre pas non plus son bec-de-lièvre.

— Dans mon cours, vous forgerez votre propre bouclier, hurle-t-il. Celui qui vous servira sur le champ de bataille… Si vous atteignez la troisième année, vous y ajouterez le blason de votre clan.

— Trop cool, lance un garçon.

Héphaïstos le fusille du regard.

— Je ne tolère ni les amuseurs publics, ni les pitreries, ni les manigances.

Diego pouffe de rire. Héphaïstos ramasse une lame qui se trouve à sa portée et la lance dans sa direction.

— Qu'est-ce que je viens de dire ? Je n'aime pas me répéter, vocifère le dieu.

L'outil se fiche dans le pilier derrière la tête de Diego avec un bruit sourd. Cette fois-ci, le mec est calmé.

— Commencez par vous équiper. Les gants et les tabliers de cuir sont dans les casiers sous la table.

Les aspirants s'empressent d'obéir.

Héphaïstos nous montre comment travailler le métal. Petit groupe par petit groupe, nous nous approchons ensuite des foyers pour chauffer, marteler, bomber, donner une forme à nos boucliers. En théorie, cela a l'air facile, mais c'est loin d'être concluant de mon côté. Comme pour le tir à l'arc et malgré toute ma bonne volonté, je ne suis pas douée. Si ça continue, je vais me faire virer de l'Academy.

Je martèle à grands coups assourdissants, mais le métal en fusion refuse de se courber comme je le voudrais.

— Tu joues à quoi ? me demande soudain Héphaïstos.

Je sursaute. Son ombre gigantesque s'étend sur moi.

— Je fais ce que vous avez montré.

— Tu dois être aveugle ou stupide, ma pauvre fille. Ce n'est pas du tout ça, dit-il en m'arrachant le marteau des mains.

En trois petits coups secs, le métal s'arrondit. Héphaïstos me rend l'outil.

— À toi, maintenant.

Je retourne placer ma pièce de métal au-dessus feu et j'attends qu'il entre en fusion. Un bric-à-brac entassé sur une étagère attire mon attention. Des épées, des poignards, un fléau, une masse… et des boîtes-mystère, décorées, rangées par taille et par forme.

— Bonté d'Hadès, ça va couler dans le feu !

Oups, encore une boulette. Héphaïstos est furieux et moi je manque de lâcher ma pince. Quelle nouille. Je regagne à ma place, tête basse. Revana ricane quand je passe près d'elle, j'entends un : « Nullissime, celle-là. »

J'inspire un bon coup pour me donner des forces et ne pas lui défoncer sa tronche de dinde.

— Remue-toi ! me crie le dieu.

Cette fois-ci, j'ai pigé le truc : si je martèle à petits coups secs et précis, le métal réagit comme je le souhaite. Contente de moi, je regarde Héphaïstos pour chercher son approbation.

— Je ne suis pas ta mère et je n'ai jamais distribué de bon point, grogne-t-il.

La moutarde me monte au nez, j'en ai plus que marre d'être rembarrée.

— Ma mère est morte.

Les sourcils d'Héphaïstos se lèvent, mais il ne fait pas de commentaire. Au contraire, il s'éloigne pour aller réprimander une autre recrue un peu plus loin.

La suite se déroule sans anicroche. Dès la fin du cours, tout le monde se précipite vers la sortie, puis remonte quatre à quatre l'escalier en colimaçon : notre journée est terminée.

— On va directement au réfectoire ? demande Jasmine. Il y a de la pizza, ce soir !

— Je vous rejoins, je dois chercher un truc dans mes affaires.

Jasmine ralentit le pas, hésitant à m'accompagner, mais, finalement, se ravise. Tant mieux. Je n'ai besoin de personne. Quand les filles sont suffisamment loin, je me précipite dans l'escalier pour retourner à la forge. Je veux revoir les boîtes-mystère, comprendre comment elles fonctionnent, découvrir leur secret.

Avant de pénétrer dans l'antre, je m'assure qu'Héphaïstos n'est pas dans les parages. J'attends cinq bonnes minutes, puis me glisse à l'intérieur. Direction la plateforme *via* la volée principale de marches. Dans ma hâte, mon pied bute sur une pierre… Au secours, je tombe ! À moi, les dieux et les déesses ! Aaaaah !

J'ai le réflexe de pousser sur mes deux jambes et de mouliner avec les bras. Ça marche, j'atterris sur la plateforme de pierre et non pas dans la rivière de lave. Aïe, mes genoux ! Il me faut quelques secondes pour me remettre de mes émotions. En regardant la scène du quasi-plongeon de la mort, j'ouvre de grands yeux : comment diable ai-je pu franchir une largeur pareille ? Il y a bien quatre mètres… Aucune aile n'a poussé dans mon dos.

J'y réfléchirai plus tard. Vite, les boîtes-mystère. Elles sont magnifiques, je caresse leur surface lisse. Elles sont splendides, raffinées, ouvragées…

Quelqu'un est derrière moi. Héphaïstos.

— Qu'est-ce que tu fouines par ici ?

— Je… euh… J'admire les boîtes. Elles sont si belles.

Son visage s'adoucit.

— Tu te demandes comment quelqu'un d'aussi grotesque que moi est capable de fabriquer quelque chose d'aussi pur.

— Oh, non ! Jamais je…

— Moi si, j'y pense tout le temps. C'est ma malédiction, je suppose.

— Vous les avez toutes fabriquées ?

— Toutes. Et je me souviens de chacune d'entre elles.

— Elles fonctionnent comment ?

Il me montre l'intérieur d'une boîte.

— L'ouverture provoque un déclic qui libère un clapet. Le parchemin apparaît alors avec l'énigme à décoder. Mais bien sûr, tu sais déjà tout cela puisque tu es là.

— Il y a un moyen de tromper la boîte ? Qu'une personne vienne ici grâce à l'invitation d'une autre, par exemple.

— Tu as trop d'imagination, fillette. La boîte ne réagit qu'à son destinataire. Même les dieux ne peuvent pas briser sa magie.

Le soulagement est si instantané que j'en ai les larmes aux yeux.

— Et le portail s'ouvre uniquement aux appelés, ajoute Héphaïstos. Un imposteur pourrait nager jusqu'à l'Atlantide qu'il ne trouverait jamais l'entrée.

Je m'efforce de ne pas exploser de joie. Sans le savoir, Héphaïstos vient de confirmer que j'ai bel et bien ma place ici. Je ne l'ai volée à personne, je suis l'invitée des dieux au même titre que les autres. Ils me veulent dans leur armée, moi, Melany Richmond, pauvre orpheline, rebelle, fauteuse de troubles, emmerdeuse ! Callie Demos n'a pas été appelée.

— Merci, monsieur Héphaïstos. Je ne vous dérange pas plus longtemps.

Quand je me détourne, j'ai le sourire jusqu'aux oreilles.

— Au fait, je t'ai vue sauter tout à l'heure.

Aïe.

— Quatre mètres quatre-vingt-sept exactement, précise-t-il en frottant son nez couperosé.

Ça y est, j'ai forcément enfreint une règle.

— Je dois dire que c'était impressionnant… Maintenant, fous-moi le camp d'ici et ne reviens plus jamais en douce ou je te fais expulser de l'Academy.

Je file en vitesse, mais en ralentissant tout de même sur le pont. Mon cœur cogne de bonheur quand je remonte l'escalier. Je ne suis pas une paria !

Maintenant, objectif la salle à manger et les pizzas, j'ai une faim de loup. Alors que je tourne dans le couloir, une main se plaque sur ma bouche. Mon instinct reprend le dessus, je mords dedans à pleines dents.

— Aïe, Blue ! Arrête ! Aïe !

CHAPITRE 8
MELANY

Lucian. Avant de relever les yeux sur lui, j'inspire à fond pour me calmer. Pas de chance pour lui, j'ai réagi au quart de tour. C'est ancré dans mes veines, je suis une guerrière. Mais lui n'avait aucune raison de me jouer un tour pareil.

— Pourquoi t'as fait ça ?

Il se frotte la main où les marques de ma morsure sont déjà bien visibles.

— Je ne sais pas. J'avais envie de te surprendre.

— Alors tu as mérité d'être mordu.

— Pourquoi tu remontais de la forge ?

— Occupe-toi de tes fesses.

— OK ! OK !

Mon estomac me rappelle que je n'ai rien mangé depuis le petit déjeuner. Je me remets en marche, espérant du même coup mettre fin aux questions de Lucian, mais il m'emboîte le pas.

— Je ne te comprends pas, Blue.

— Pourtant on parle la même langue.

— C'est de ton attitude sarcastique dont je parle.

— Tu veux savoir ce que je pense de toi ? Tu n'es pas habitué aux filles qui ont un cerveau, mec. Tu n'aimes que celles qui te flattent dès que tu ouvres la bouche ou qui s'évanouissent quand tu gonfles tes biceps.

— Faut reconnaître qu'ils sont impressionnants, non ? dit-il en fléchissant le bras.

Ils le sont, et je poserais volontiers ma main dessus. En plus, son sourire est craquant. Mais hors de question que je le lui avoue. J'ai connu des garçons comme Lucian, je les voyais tournicoter autour de Callie. L'un d'eux a essayé avec moi, persuadé qu'il pourrait profiter de la pauvre fille vivant dans la maison de la gouvernante. Il s'est retrouvé avec un nez cassé et une poche de glace sur la joue après que je lui ai appris les bonnes manières et la notion de consentement.

Sur le seuil de la salle à manger, je repère rapidement la table de Jasmine et Georgina et j'ai bien l'intention de m'asseoir avec elles. Rester près de Lucian est trop dangereux, on ne se touche pas, mais j'en ai très envie. Je me ficherais des claques de songer à ses lèvres charnues et à la sensation qu'elles auraient sur les miennes.

Il se penche vers moi, profitant de notre différence de taille. Lirait-il dans mes pensées ? La lueur qui pétille dans ses yeux m'inquiète.

— On dirait une tigresse prête à bondir ! murmure-t-il.

— J'ai faim. Je suis nerveuse quand j'ai faim.

— Je crois plutôt que c'est moi qui te rends nerveuse.

— Ah oui et pourquoi ça ?

Ses magnifiques yeux s'attardent un peu trop longtemps sur ma bouche.

— Pour rien, tigresse ! Rendez-vous au prochain cours d'Héraclès.

Il m'adresse un petit signe de tête avant de s'éloigner vers la table de ses amis, qui nous regardent fixement. Je sais déjà comment Revana va réagir.

Je rejoins les filles. Elles m'ont gardé de la pizza. À peine ai-je croqué dedans que les questions pleuvent.

— Raconte ! dit Georgina.

— C'était quoi, ce grand cinéma, à l'instant ? demande Jasmine.

— Rien.

— On n'a pas la même définition de « rien » !

Je préfère m'empiffrer de pizza pour mettre fin à cette conversation. Je sens qu'il y a un lien particulier entre Lucian et moi, mais je ne veux pas en parler. Une forme d'énergie jaillit chaque fois qu'il est proche de moi… Ça m'énerve, en plus je ne peux pas me le permettre. Maintenant que je sais sans l'ombre d'un doute que ma place est à l'Academy, je dois m'appliquer à être la meilleure d'entre tous. L'échec n'est pas une option.

Toute la classe est impatiente de commencer le cours d'éléments cet après-midi : apprendre à contrôler l'eau et la foudre, mais aussi tenter d'impressionner Zeus, le dieu des dieux. Beaucoup de recrues espèrent avoir le don de la foudre, sauf Georgina : elle ne pense qu'à Déméter et ne parle que d'elle, c'est une fixette ! Mon amie court devant alors que nous traversons la cour pour aller rejoindre la salle. Elle est archimotivée.

— Déméter a inventé l'agriculture, tu savais ? Sans elle, on ne pourrait même pas se nourrir. On serait resté une bande de néandertaliens qui bouffent de la viande à chaque repas.

Je me contente de hocher la tête. Georgina est intarissable, la voilà qui énumère maintenant tous les bienfaits et les découvertes que les humains doivent à la déesse. Apparemment, la liste est longue. Mon amie s'arrête enfin une fois que les portes s'ouvrent. Nous entrons dans une immense installation à ciel ouvert, séparée en différentes zones, avec des plateformes reliées par des escaliers. Une par dieu. Quelle démesure sur l'Olympe…

Zeus se tient sur la plus élevée, il y a trois tiges de métal érigées derrière lui. Héphaïstos est à un niveau inférieur, à côté d'un grand foyer éteint.

— Déméter ! crie Georgina la groupie en agrippant mon bras.

Une femme aux cheveux blonds en bataille, les pieds nus, est assise sur un rocher au milieu d'un jardin. Elle porte une longue jupe vaporeuse et un tee-shirt sur lequel est écrit « Jefferson Airplane ». C'est donc elle, la fameuse déesse dont j'entends parler non-stop depuis que je partage une chambre avec Georgina.

Je reconnais Poséidon tout en bas, près d'un bassin. Il a les mêmes traits que Zeus, mais ses cheveux foncés sont coupés courts. Le genre viril qui aime l'afficher !

— Et là-bas, c'est qui ? je demande en pointant une zone sombre.

Cette partie de l'installation est plongée dans l'obscurité ; de temps en temps, j'ai l'impression qu'un reflet miroite en bougeant.

— Où ça ? répond Jasmine.

— Là, dans l'ombre. Quelqu'un se déplace sur cette plateforme.

— Mais non, Mel, il n'y a personne.

Si. Un frisson de terreur me parcourt : des yeux noirs me fixent.

— Bonjour, aspirants, bienvenue dans votre cours sur les éléments ! lance Zeus. Cinq éléments au programme d'aujourd'hui : l'eau, le feu, la terre, l'ombre et la foudre, bien sûr.

Des étincelles jaillissent du bout de ses doigts.

« L'ombre » ? Mon regard se dirige à nouveau vers la zone. Il y a maintenant un homme aux cheveux noirs et aux yeux pâles, habillé comme un vampire des Carpathes. Il me sourit, j'ai soudain la chair de poule.

— Formez cinq groupes de huit à neuf personnes, ordonne Zeus.

Bien sûr, Jasmine, Georgina et moi nous mettons ensemble, Mia et Ren nous rejoignent. Durant un court instant, je crois que Lucian va nous rallier. Je retiens mon souffle, mais le moment s'envole, il forme un groupe avec Diego, Revana, Isobel et quelques autres dont j'ignore le nom. Hella, la colocataire de Jasmine, et ses amis Marek et Quinn se retrouvent finalement dans notre groupe.

Zeus assigne les éléments, nous avons l'eau.

Direction : la piscine. Ren est surexcité, on dirait un gamin trépignant devant ses cadeaux de Noël.

— L'eau, c'est la vie ! tonne Poséidon. Nos corps en sont faits ; soixante-dix pour cent de la Terre en est recouverte ; sans eau, la nourriture que nous mangeons ne pousserait pas.

Sa main survole lentement la surface bleue, qui se met à tourbillonner. Cela me rappelle aussitôt le typhon menant au portail d'entrée, le soir de la boîte-mystère.

La colonne formée par Poséidon jaillit de la piscine et vient toucher la paume de sa main. Il la tient comme un animal dompté.

— L'eau donne la vie, mais elle peut aussi l'ôter. (D'un geste sec du dieu, la trombe d'eau enfle encore et se transforme en un gigantesque cyclone près de fondre sur nous.) Les océans, les mers peuvent se soulever, former des vagues de cent mètres de haut et submerger des villes en quelques minutes. (Il serre le poing, l'eau bondit par-dessus bord et nous éclabousse les jambes.) Maîtriser l'eau, c'est contrôler la vie… Qui veut passer le premier ?

— Moi, monsieur ! répond Ren.

Ren, forcément ! Durant la demi-heure qui suit, nous nous entraînons à manipuler l'eau avec les mains. Ren et Marek sont les seuls à obtenir un résultat immédiat en produisant de minuscules cyclones. Je parviens à peine à faire naître des ondulations…

Ensuite, nous allons à l'atelier du feu.

— Je ne vous régalerai d'aucune mièvrerie sur la puissance du feu, grommelle Héphaïstos.

Il claque des doigts, les flammes prennent vie dans le foyer. Super. Je m'approche pour faire sécher mes chaussures et mon pantalon.

— Si vous contrôlez le feu, vous pouvez détruire les villes, réduire vos ennemis en cendres.

La lumière des flammes brille dans ses yeux. Jasmine tremble comme une feuille lorsqu'il passe derrière elle.

— Mais vous pouvez aussi procurer de la chaleur, du confort et même apporter la guérison. (Héphaïstos pose la main sur l'épaule de mon amie, elle se détend et même sourit.) Vous apprendrez d'abord à contrôler le feu et ensuite à le créer. Maintenant, dirigez vos mains vers les flammes pour les appeler.

Dès que j'approche les miennes, la chaleur me gagne. La même sensation qu'avec la boîte-mystère. Je me concentre sur les flammes, je les regarde danser, sauter, s'amuser… J'aimerais danser avec elles.

— Mel ! s'écrie Jasmine.

— Quoi ?

— Ta main !

Ma main droite est plongée dans les flammes. Mon cœur bondit. Putain de merde, je brûle… Mais je n'ai aucune sensation de brûlure, aucune gêne, juste une chaleur douce et apaisante qui flotte sur ma peau. D'ailleurs, mes vêtements et mes cheveux ont déjà séché.

Si je déplace la main d'avant en arrière, les flammes roulent pour la suivre.

— Waouh, c'est trop cool !

Héphaïstos l'a remarqué aussi car il m'adresse un petit signe de tête. Je prends ça pour un compliment.

Après le feu, la terre avec Déméter. Georgina décolle, son heure est enfin arrivée !

Très zen, la déesse nous attend, assise en tailleur sur son carré d'herbe. On la croirait presque en lévitation.

— Chers aspirants, contrôler la terre est fantastique. Vous faites pousser les récoltes, vous déplacez les montagnes. Si la guerre éclate, vous manipulez les plantes comme bon vous semble.

Déméter ferme les yeux en caressant le sol de ses doigts. De la vigne vierge se fraie aussitôt un chemin à travers le gazon, puis va s'enrouler autour du bras de

Georgina. Mon amie écarquille les yeux, puis tombe à la renverse.

— Merde, je l'ai tuée ? s'inquiète Déméter.

— Non, je crois qu'elle s'est juste évanouie, dis-je en secouant Georgina.

Effectivement, la voilà qui se redresse avec un grand sourire sur les lèvres. L'émotion !

— C'était génial ! déclare mon amie.

Tout le monde rigole, Déméter glousse.

— Quel est ton nom ? lui demande-t-elle.

— Georgina.

— Eh bien, Georgina, tu es déjà ma préférée.

Elle manque de s'évanouir à nouveau, je suis obligée de la soutenir.

Déméter est calme et posée. J'aime sa façon de nous apprendre à sentir la profondeur de la nature : en se concentrant sur les étapes de sa construction, pour se la représenter en train de grandir, bouger, vivre.

Jasmine et Quinn parviennent à déplacer un rocher. Georgina, pour le plus grand plaisir de Déméter, réussit à faire pousser une fleur dans sa main. Il n'y a plus aucun doute sur le futur clan de mon amie. Les deux se sont trouvées.

Notre prochain élément est l'ombre. À peine suis-je plongée dans l'obscurité que mon corps se met à vibrer. Une sensation étrange, comme si j'étais devenue un diapason humain.

— C'est moi, Érèbe.

Une forme émerge de la partie la plus sombre. Avec ses yeux pâles, presque translucides, on dirait davantage un vampire qu'un homme. Son corps ondulant semble éthéré, sans matière solide, intégré à la noirceur du lieu. Ce pauvre dieu manque de soleil !

— Ici, vous apprendrez à manipuler la lumière et l'obscurité. Une fois que vous saurez les maîtriser, vous pourrez disparaître comme bon vous semble. (Il s'évanouit dans l'ombre.) Et réapparaître ailleurs.

Sa voix est toute proche ; quand je me retourne, je le trouve face à moi. Une autre bouffée d'effroi m'envahit.

— Commençons le cours par la réfraction de la lumière pour apprendre à la courber autour du corps. C'est une forme de déguisement qui vous permettra de vous déplacer sans être vus.

Il agite les bras jusqu'à ce qu'ils disparaissent. On ne voit plus que sa tête, sans corps ni bras. Décidément, c'est un show à lui tout seul.

— La clé de la réussite est d'agir rapidement. À vous.

Nous marchons en cercle, bras en l'air. Je fouette les miens aussi vite que possible. Je suis concentrée sur mes mouvements, un peu trop car je ne vois Ren qu'à la dernière minute et l'évite juste à temps.

— Hé, mec, regarde où tu vas !

— Melany ?

— Ouais, y en a qu'une.

Sa tête tourne de droite à gauche comme s'il me cherchait.

— Mais t'es où ?

— Juste devant toi, crétin.

Ses yeux scrutent mais ne tombent jamais sur mon visage.

— Je ne te vois pas.

Punaise. J'ai réussi à manipuler la lumière.

— Tu es très belle, tu sais.

C'est encore Érèbe, mains jointes, qui se tient près de moi.

— C'est flippant, votre truc, vous savez ?

J'ai répondu du tac au tac, je n'aime pas du tout sa façon de me détailler. Il me fait me sentir vulnérable.

— L'ombre est en toi, petite.

Il fouette l'air de sa main, sa chair se délite puis se reforme. C'est comme regarder un objet se décomposer en pixels.

— Je la sens en toi, ajoute-t-il. Voilà pourquoi tu manipules la lumière avec tant d'aisance.

— Comment je fais pour redevenir visible ?

— Arrête de bouger.

— Mais je ne bouge pas !

Il appuie deux doigts sur mon front.

— Arrête de bouger en toi, petite.

Je ne comprends pas ce qu'il veut dire, mais je me concentre pour essayer de calmer mon corps. Je procède par étapes en commençant par mes orteils. Je remonte en pensée jusqu'à mon esprit. Après une longue et profonde inspiration, je me sens à nouveau entière, en un seul corps.

— Putain, Mel, tu viens d'apparaître juste devant moi, dit Ren, ébahi.

— Trop cool, t'avais totalement disparu ! s'exclame Jasmine.

Les filles me félicitent, tout comme le reste du groupe, qui trouve génial que j'aie réussi à maîtriser la lumière aussi vite. Je suis la seule, d'ailleurs ; pour une fois, je suis fière de moi… et tout de même inquiète par ce qu'a dit Érèbe, « L'ombre est en toi ».

La foudre de Zeus est notre dernier enseignement. Jasmine est enthousiaste, elle m'a confié espérer être affectée au clan du dieu des dieux. Je l'imagine très bien là, elle est forte et audacieuse, deux qualités essentielles pour manipuler l'élément de Zeus.

Il nous rassemble autour de paratonnerres. Il y en avait aussi au domaine Demos, dans le but d'emmagasiner le courant électrique après chaque orage.

— La foudre n'est pas seulement un courant électrique, déclare le dieu. Elle est en permanence autour de nous. (Il frappe dans ses mains avec un bruit à réveiller les morts, puis frotte ses paumes l'une contre l'autre.) Faites comme moi. La friction va créer du courant électrique.

Mes paumes s'échauffent, mes doigts commencent à picoter. Argh, j'ignore si c'est normal et ce qui doit arriver.

Tout en continuant de frotter ses mains, Zeus fait le tour du groupe. Il s'arrête devant moi et pose ses paumes sur ma tête.

— Nous venons tous de créer de l'électricité dynamique, dit-il.

Je sens de légers chatouillis, puis mes cheveux se dresser. Mes mèches bleues se hérissent de partout, certaines effleurent même les mains de Zeus. Jasmine et Georgina éclatent de rire, je ressemble sûrement à une poupée Troll.

Je me doute que c'est un spectacle hilarant, mais un truc cloche : l'intensité des chatouillis augmente. Ce sont maintenant mille piqûres d'épingle bien nettes, douloureuses.

Jasmine pâlit. Georgina recule d'un pas.

— Quoi ? Qu'est-ce qui se passe ? je demande, paniquée.

Ça sent une odeur de brûlé, de plastique en train de fondre… Une odeur qui vient de moi… Des étincelles jaillissent de ma tête ! Aaaaah !

— Elle brûle !

La voix de Jasmine résonne, puis tout bascule dans le noir, l'obscurité m'engloutit.

CHAPITRE 9

MELANY

Quand je rouvre les yeux, il flotte une odeur de bacon grillé. Je suis allongée sur mon lit. Georgina et Jasmine mangent des cheeseburgers, assises en face de moi. Miam ! je salive.

— T'es réveillée ! s'exclame Georgina en mastiquant joyeusement.

Comme j'ai très mal à la tête, je renonce à m'asseoir.

— Ça fait quatre heures que t'es dans le potage, m'explique Jasmine. Les guérisseurs t'ont examinée, ils ont dit que tu pouvais te reposer ici plutôt qu'à l'infirmerie.

— T'as faim ? demande Georgina en déballant un cheeseburger.

Je suis affamée, c'est toujours comme ça après les coups durs.

— Il s'est passé quoi exactement ? Je me souviens qu'on était en cours avec Zeus et…

— Tu es morte.

Je m'étrangle avec le cornichon du cheeseburger. Georgina s'assied près de moi et me serre fort.

— On n'était pas censées lui raconter, grogne Jasmine avec un coup d'œil sévère à Georgina.

— Comment ça, je suis morte ?

— Trop d'électricité a traversé ton corps, ton cœur s'est arrêté, poursuit Jasmine avec une grimace. Zeus l'a relancé d'une pichenette.

Elle joint le geste à la parole sur ma poitrine.

— Deux pichenettes, précise Georgina. Après, il t'a encore fallu quelques secondes avant de revenir à toi.

Je suis scotchée. On dit quoi quand on a été ressuscité grâce à un dieu ? « Waouh » me paraît un peu faible.

— J'ai besoin d'air, je murmure en réussissant à me lever cette fois-ci.

— Tu veux qu'on t'accompagne ?

— Pas la peine… J'ai besoin d'une promenade pour digérer ce qui m'est arrivé.

— D'accord. On t'attend ici si tu veux en parler, me dit Jasmine.

Je m'en vais sans trop savoir où aller. L'intérieur de l'Academy me paraît soudain oppressant. Heureusement, je ne croise personne dans les couloirs ni dans le hall d'entrée.

Dès que je suis dehors, j'aspire une grande bouffée d'air, je bloque ma respiration, puis la relâche. Je répète ce processus plusieurs fois… Voilà, je me sens mieux, je n'ai plus de vertige.

Je m'éloigne sur le chemin pavé qui serpente à travers le parc. Juste avant d'arriver à l'angle du bâtiment, j'entends une voix grêle et mécanique.

— Les prévisionnistes ne savent pas quoi penser de l'étrange météo qui s'est abattue sur Pécunia. Pluie, vent et grêle sont très inhabituels en cette saison sèche. Des phénomènes de fortes houles et d'activité sismique ont également été constatés.

Sophia. Je m'inquiète aussitôt pour ma tante. Est-elle en sécurité ?

Déméter est adossée au mur, en train de regarder une vidéo sur son téléphone portable et de fumer ce qui a l'odeur d'un joint. Dès qu'elle me voit, elle range le téléphone dans sa poche.

— Salut… Melany, c'est ça ?

— Oui.

— Cela ne te dérange pas ? dit-elle en levant son joint. Je ne peux pas fumer à l'intérieur… Certaines règles sont reloues !

— Pas de problème.

— Comment te sens-tu ? Tu as fait flipper tout le monde. C'est la première fois qu'une recrue meurt en public !

Cela me brûle encore là où Zeus a appuyé. J'ai peur de regarder sous ma chemise, d'ailleurs.

— Merci, ça va.

— Dans un jour ou deux, tu ne sentiras plus rien du tout.

— C'étaient les infos ? je demande en pointant sa poche.

— Euh… Je ne suis pas non plus censée avoir de téléphone, mais je déteste ne pas savoir ce qui se passe dans le monde.

— Ils disaient quoi sur Pécunia ? Je suis de là-bas.

— Pas de quoi s'affoler, juste un orage.

Déméter me tapote l'épaule, ce qui ne me rassure pas du tout, et m'observe longuement.

— Tu es différente, tu le sais ? lâche-t-elle soudain.

— Euh… c'est-à-dire ?

— Ton aura… Elle n'est pas comme celle des autres.

Je ne sais pas si c'est bon ou mauvais, moi qui ne veux surtout pas être une paria. J'ai besoin d'être comme les autres pour réussir la formation.

— C'est bien, d'être différente, déclare-t-elle. Être comme tout le monde, c'est nul. Accepte tes différences, cela t'aidera à survivre.

Je suis sur le point de repartir quand quelqu'un arrive en titubant. Dionysos… Il tient à peine sur ses jambes. Son sourire s'élargit dès qu'il nous voit.

— Hellooooo ! Qu'est-ce que tu trafiques, Démé ?! s'exclame-t-il en passant le bras autour des épaules de la déesse.

— Je fume une petite cigarette. Et je discute avec Melany.

— Hellooooo, Melany ! Ton aura est rigolote. Elle est toute noire.

— Elle est morte aujourd'hui, répond Déméter.

— Vraiment ? C'est merveilleux ! T'as trouvé ça comment ? bafouille Dionysos.

— Je ne me souviens plus très bien.

— Dommage. J'aurais aimé que tu me racontes… Viens faire la fête, Déméter. J'ai de la gnôle incroyable, ma jolie !

— La dernière fois que j'en ai bu, ça m'a donné des boutons.

— Non, elle est réglo, fais-moi confiance. Je viens de la tester, et regarde : je suis en pleine foooorme.

— Il a besoin de dormir, je le ramène chez lui, me dit Déméter avec un coup d'œil amusé. Tu devrais rentrer aussi, les aspirants ont un couvre-feu.

— D'accord, bonne nuit.

— Tu ne viens pas avec nous, Blue Bell ? beugle alors Dionysos en me retenant par le bras.

(Qu'est-ce qu'ils ont tous avec ce surnom ?)

— Arrête ! C'est une première année, il faut qu'elle rentre.

— D'accoooord. Je le savais, Blue Bell…

Ils s'éloignent de quelques pas, puis Dionysos se tourne vers moi.

— Je sais ce qu'il y a avec toi. Tes tatouages dansent.

— Tu as trop bu, Dion.

Tout en guidant Dionysos, Déméter me fait signe de partir. Merde, faut vraiment que je me dépêche alors. Paniquée, je me mets à courir. Le regard de Dionysos était dérangeant : pas lubrique, mais étonné. Il a vu un truc étrange en moi. Déméter et Dionysos ont tous les deux mentionné mon aura. Je ne suis pas calée en la matière, je sais juste que tout le monde en a une et que ses différentes couleurs ont une signification : le rouge pour l'amour, la compassion ou parfois la colère ; le jaune pour l'optimisme ou l'intelligence ; le vert pour l'équilibre et la nature ; le blanc pour la vérité et la pureté, bien sûr. Mais le noir… le noir n'est pas une couleur enviable pour une aura. Est-ce que cela signifie une colère refoulée ? Un chagrin, des problèmes de santé… ? Ou la mort ? Le noir est la couleur de l'ombre, des ténèbres, du néant.

J'espère que c'est seulement à cause de mon épisode de résurrection que cette couleur s'attarde en moi… Et non parce que la Mort n'a pas terminé son travail.

Je monte les marches quatre par quatre et me hâte aussi silencieusement que possible dans le couloir. La lumière diffusée par les appliques me paraît faible, et elles clignotent à mon passage. J'ai l'impression que les ténèbres grignotent le sol et les murs. J'entends des murmures.

Je m'arrête, je scrute un recoin sombre et lance à voix basse :

— Arrêtez de jouer à cache-cache, Érèbe. Ça m'énerve !

Une forme remue dans l'ombre. Quelqu'un se déplace. Je rassemble mon courage et avance d'un pas.

— Je n'ai pas peur… Je vous vois.

D'autres chuchotements résonnent à mes oreilles, me picotent la nuque. Persuadée qu'il y a quelqu'un derrière moi, je fais volte-face. Personne. Je suis toujours aussi seule dans ce couloir… mais je ne me sens pas seule. On me surveille, j'en suis certaine.

Je jurerais que les ombres ont grossi, les murs, le plafond disparaissent inexorablement. Comme si une nappe d'huile roulait lentement jusqu'à moi. Une voix dans ma tête me dit de courir, mais il y a cette présence invisible qui m'invite à entrer dans l'obscurité. C'est un chant de sirène, il me pousse, m'oblige à aller de l'avant.

J'ouvre grand les yeux pour percer l'ombre et je vois alors un visage se former dans l'encre noire. Un beau visage, avenant, accueillant. Je souris, soulève le pied pour faire un pas vers lui, quand :

— Mel ?

On me tire par la main.

— C'est le couvre-feu. Viens vite.

Encore une pression sur ma main, puis on me tire de côté. Le charme est rompu, c'est Georgina. Je regarde une dernière fois vers l'ombre et repère une forme, debout, qui me sourit.

CHAPITRE 10
MELANY

La routine des cours s'instaure, mais un certain flou demeure dans mon esprit. Depuis l'accident et l'étrange vision dans le couloir, je me sens différente. Mon équilibre interne a changé. Ce qui est certain, c'est que l'entraînement est devenu plus facile. Non seulement je ne rate plus les cibles au tir à l'arc, mais mes flèches atteignent le mille, pour la plus grande fierté d'Artémis… et au grand dam de Revana ! Cette conne ne manque jamais de me manifester son hostilité, surtout quand j'excelle.

En métallurgie, j'ai aussi pris le coup de main. Le bouclier que je fabrique a l'air d'être le plus réussi de toute la promo. J'ai eu droit aux félicitations d'Héphaïstos sous forme de grognements moins gutturaux que d'habitude et d'une chaleureuse tape dans le dos qui aurait pu m'envoyer valser à l'autre bout de l'atelier.

Les cours d'Arès restent difficiles, mais c'est lié à l'animosité que ce dieu a pour moi : il prend un plaisir sadique à me voir échouer. Pourtant, je suis devenue forte, je tiens mieux mon bouclier, je suis capable de me protéger. En revanche, j'ai encore du mal avec la lance.

J'ai la conviction que je serai meilleure au maniement de l'épée, du coup j'ai hâte qu'on change d'arme.

Je me suis aussi améliorée en lutte. Lucian en a fait les frais lors d'une prise qu'il n'a pas vue venir. Héraclès était mort de rire et Lucian rouge de honte !

J'étais persuadée qu'il ferait la tronche après sa défaite cuisante – ce que font souvent les garçons battus par une fille – mais, à ma grande surprise, Lucian m'a demandé de lui montrer le mouvement. On a continué de s'entraîner après la fin du cours jusqu'à ce qu'Héraclès nous fiche dehors.

Durant ce corps-à-corps, j'ai remarqué que Lucian s'attardait plus que nécessaire, ne me lâchait pas immédiatement, ne s'écartait pas aussi vite qu'il aurait dû. Ces contacts répétés ont provoqué des picotements sur ma peau, embrouillé mon esprit ; donc, maintenant, je l'évite autant que possible.

En dehors des entraînements, Georgina, Jasmine et moi passons la majeure partie de notre temps ensemble, soit dans nos chambres à jouer aux cartes, soit dans la salle commune. Dionysos y est souvent pour tester ses créations musicales. On les écoute en boucle ! Cela donne des soirées amusantes et m'aide à oublier l'étrange sensation qui grandit en moi. Quand je surprends le regard inquisiteur de Dionysos, je me demande toujours s'il voit mes tatouages danser et une aura sombre planer au-dessus de ma tête. Je ne lui en ai jamais reparlé, j'ai trop peur d'entendre la réponse.

Ce matin, je bâille à m'en décrocher la mâchoire alors que nous traversons l'Academy pour aller à l'amphithéâtre d'Aphrodite. « Parce que la déesse ne quitte jamais sa salle dorée. » Du pur mensonge puisque je l'ai vue se promener de nuit avec Arès, mais je garde ça pour moi.

— Tu dors toujours aussi mal ? s'inquiète Georgina.

— C'est normal chez moi, je bâille toujours jusqu'à midi.

Elle n'est pas convaincue par ma réponse. Il faut dire que, pour la cinquième nuit d'affilée, j'ai ouvert les yeux à 3 heures du matin. Je commence à avoir des cernes de koala.

J'ai des mauvais rêves, mais je ne m'en souviens jamais au réveil. Tout ce qui persiste, c'est un sentiment de terreur. Cela m'empêche de me rendormir, alors j'attends dans mon lit, les yeux rivés au plafond pour ne pas déranger Georgina. Ça m'est arrivé d'aller marcher dans les couloirs, de raser les murs du hall d'entrée pour ne pas me faire choper par les caméras de surveillance. L'autre matin, Pandore a pourtant failli m'attraper, mais j'ai pu me glisser dans les douches des filles juste à temps. J'améliore mes compétences en furtivité ! Et j'étais la première à ressortir douchée. Un exploit.

Aujourd'hui, c'est ma première rencontre officielle avec Aphrodite. J'ai entendu dire que des aspirants de première année (dont Revana et Lucian) avaient été invités à un dîner privé par Éros et Psyché dans l'amphithéâtre de la déesse. Cela me dérange qu'ici aussi l'argent, le pouvoir et la beauté procurent des avantages à certains et créent des inégalités…

Avec tout ce que j'ai lu et entendu sur Aphrodite, je m'attendais à de la splendeur. La réalité dépasse de très loin ce que j'imaginais. Le sol est un damier de carreaux dorés, rouges et noirs qui produisent une illusion d'optique de boîtes empilées. Sa surface est polie jusqu'à l'éclat, je vois mon reflet dedans comme dans un miroir. Chaque centimètre carré du plafond voûté est couvert de fresques rouges et or, avec Aphrodite comme modèle. Éros, son fils, et les trois Grâces, Aglaé, Euphrosyne et Thalie, sont reconnaissables. Partout où le regard se pose, il y a de l'or : sur les piliers sculptés, les reliefs, les murs tapissés de velours rouge. C'est le décor le plus prétentieux et tape-à-l'œil que j'aie jamais vu, j'aurais dû prévoir des lunettes de soleil.

On nous mène dans notre salle de classe, une pièce adjacente moins richement décorée. Ouf. Je n'aurais pas supporté cet éblouissement pendant deux heures. Cinquante chaises sont disposées autour d'une chaire, on se croirait à l'église. L'oratoire d'Aphrodite.

Jasmine, Georgina et moi nous installons ensemble, comme d'habitude. Aphrodite entre, la tête haute, les seins en avant, la démarche chaloupée. Elle est accompagnée de trois femmes, deux pour tenir la traîne de sa somptueuse robe dorée, la troisième, sa serviette de cuir noir.

Les aspirants sont subjugués, surtout les garçons. Je reconnais qu'Aphrodite est magnifique. Pourtant, il est presque difficile de la regarder tant elle brille comme un soleil.

Elle savoure son entrée majestueuse, puis se décide enfin à commencer son cours.

— La transformation, ou l'acte de se métamorphoser. Comme la chenille en papillon. Le têtard en grenouille. Je vais vous apprendre à changer d'apparence et de forme, pour devenir autre. Une compétence magistrale si vous souhaitez tromper vos ennemis ou même vous cacher parmi eux.

Elle me regarde alors droit dans les yeux. Bizarre.

Pendant deux heures, Aphrodite nous montre comment modifier la forme de notre visage, qui est la première étape d'une transformation. Au début, j'étais sceptique, mais après sa démonstration – elle s'est métamorphosée en sorcière bossue et rabougrie – je suis convaincue.

Avec l'aide de ses assistantes, qui ne sont autres qu'Aglaé, Euphrosyne et Thalie, nous nous façonnons à tour de rôle un visage différent. Une vraie crise de rire quand Georgina enfle au point qu'elle ressemble à une tomate. Elle a le don de transformation, c'est évident. Jasmine et moi ne sommes pas aussi douées. Ma meilleure tentative se solde par un nez de Pinocchio, ce qui déclenche l'hilarité de toute la classe. Y compris de Lucian.

C'est la fin du cours. Alors que je m'éloigne avec mes amies, Aphrodite m'appelle.

— Melany, tu peux rester une minute ?

Georgina et Jasmine me regardent avec un drôle d'air, je hausse les épaules. Merde, encore un problème.

— J'ai fait quelque chose de mal ?

Le sourire que m'adresse Aphrodite est indulgent, mais ne me rassure pas.

— Au contraire, dit-elle d'une voix mielleuse, je n'ai entendu que du bien de toi.

— Vraiment ?

— Mais oui ! Tu ne passes pas inaperçue à l'Academy, loin de là.

Je suppose qu'elle parle de mon électrocution. Je suis surprise qu'elle connaisse mon nom, elle n'est pas du genre à s'intéresser à la plèbe.

— Mon mari parle de toi avec beaucoup d'affection.

Maintenant, c'est moi qui la mate avec des yeux écarquillés comme des soucoupes. Il est impossible qu'Héphaïstos émette le moindre éloge à mon sujet. Aphrodite aura plutôt reçu les commentaires d'Arès, son amant, qui me traite d'emmerdeuse à longueur de cours.

— Si tu as besoin de conseils, n'hésite pas à venir me trouver, reprend-elle. J'imagine combien ce doit être difficile pour toi d'être ici, étant donné que tu es… si différente.

C'est quoi, son problème ? Mon aura ? Mes cheveux bleus, les piercings et tatouages ? Ou bien parce que je ne suis pas aussi pomponnée que les autres, notamment Revana et sa clique ?

— Ah… euh, OK.

Cette déesse prétentieuse et conspiratrice est bien évidemment la dernière personne à qui j'irais me confier.

Certes, elle est d'une beauté à couper le souffle, mais je ne la sens pas, c'est une fourbe… Sûrement parce qu'elle peut se transformer en n'importe qui. Donc elle cherche à m'entourlouper.

Quand elle pose sa jolie main blanche sur mon bras, une vague de chaleur enflamme ma peau.

— J'étais très inquiète quand on m'a raconté ce qui t'est arrivé, chère Melany. L'éclair de Zeus est dangereux. Je lui ai répété maintes fois qu'il l'introduisait trop tôt dans la formation des jeunes. Des accidents désastreux surviennent.

Sa main irradie toujours, ma tête commence à flotter, comme si j'avais bu trop de vin.

— Tu te souviens de quelle façon tu as survécu ? Si quelqu'un t'a aidée ?

Je fronce les sourcils.

— Oui, Zeus m'a ressuscitée.

— Ce n'est pas ce que j'ai compris : Zeus a tenté de te ramener à la vie, mais cela n'a pas fonctionné.

Je dois m'éloigner d'elle. Mon visage est tout rouge, trop de chaleur circule dans mon corps. Je me sens ivre, pas d'alcool, mais d'elle. Aphrodite empeste la fleur sauvage, ses cheveux trop doux et brillants m'ensorcèlent, je voudrais jouer avec ses boucles dorées, les entortiller comme des chaînes d'or.

— Souviens-toi, Melany : qui t'a ramenée à la vie ? As-tu entendu une voix chuchoter ?

J'essaie de m'éclaircir les idées en secouant la tête. Ses mots sont une berceuse qui me plonge dans un état second, me séduit pour mieux me soumettre.

Repousse-la.

La voix. La même que dans le couloir. Dans l'ombre. Dans mes rêves.

Les doigts d'Aphrodite, tels les anneaux d'un serpent, se resserrent.

— Parle-moi, Melany… Dis-moi ce que tu sais.

Je la pousse de toutes mes forces physiques et mentales. Au point que je trébuche. J'attends ses éclats de colère pour avoir osé poser mes mains sur elle, mais, non, Aphrodite se contente de sourire.

— Tu devrais rattraper tes amies, ma chère. Tu vas leur manquer.

Son sourire dévoile des dents aiguisées… Non, c'est forcément le fruit de mon imagination.

— Tu ne crois pas ? ajoute-t-elle, perfide.

Je quitte la pièce en courant. Les lourdes portes dorées se referment derrière moi à la seconde où je les franchis. L'envie de rejoindre mes amies m'aiguillonne, je cours jusqu'au dortoir.

Je ne sais pas comment qualifier ce qui vient de se passer avec Aphrodite, mais ce qui est certain, c'est que j'ai la peur aux tripes. J'étais en danger pour une raison inconnue.

Pourquoi serais-je une menace pour Aphrodite ? Iraitelle jusqu'à m'éliminer ?

CHAPITRE 11

MELANY

Je flotte dans le noir complet, puis je repère enfin un point de lumière… Me voilà de retour dans la spirale du portail. Mes poumons brûlent. Encore quelques minutes et je serai à court d'oxygène.

Une forme plane non loin. Je tends la main, j'implore son aide, je ne sais plus nager. J'ignore pourquoi je suis à nouveau coincée ici, mais si je n'en sors pas, je vais mourir à coup sûr.

La silhouette n'est plus qu'à quelques centimètres. Mes doigts passent au travers du bord tourbillonnant et l'attrapent. S'y agrippent.

— Aide-moi !

Quand j'ouvre la bouche, l'eau s'engouffre, m'étouffe. Ma vision se brouille. La douleur me terrasse.

On me tire de là.

Je me redresse dans mon lit en toussant, crachant, avalant l'air à grandes goulées. Des murmures bruissent autour de moi, tentent de pénétrer dans mes oreilles, mais je ne veux pas les écouter. Ils ont de mauvaises intentions. Ils me demandent de mal agir.

Je les chasse comme des moustiques.

— Ça suffit !

Des mains chaudes se posent sur les miennes.

— Mel, tout va bien !

Mon environnement réapparaît doucement. Je suis dans mon lit, dans ma chambre, la voix apaisante de Georgina m'extrait du piège dans lequel j'étais tombée.

— Tu es en sécurité, Mel.

Je m'efforce de ralentir les battements de mon cœur, qui martèle dans ma poitrine.

— Encore ton cauchemar ?

J'acquiesce. Encore cet horrible rêve qui est revenu pour la neuvième nuit consécutive. Il a commencé juste après ma petite conversation avec Aphrodite. Comme si la déesse l'avait déclenché. Avait introduit un corps étranger qui, chaque nuit, cherche à forcer la porte de mon esprit. Il me grignote, progresse à l'intérieur de moi. Maintenant, j'ai peur de ce qui m'habite.

Nous nous habillons et descendons ensemble pour le petit déjeuner. Jasmine nous rattrape en chemin.

— Mel, ça va ? Tu es d'une pâleur…

— Encore un cauchemar, lui répond Georgina.

On s'installe à notre table habituelle. Quand Mia nous rejoint, je remarque le sourire qui se forme sur le visage de Jasmine.

— Toujours le même cauchemar ? me demande ensuite cette dernière.

— Oui, je suis piégée devant le portail en train de me noyer et quelqu'un que je ne vois pas me sort de l'eau.

Le dire à haute voix me coupe l'appétit.

— C'est ce qui t'est arrivé lors de l'entrée à l'Academy, non ? Lucian t'a sauvé ?

Oui. D'ailleurs, il est deux tables plus loin avec ses amis. Il me surprend en train de le regarder, le sourire craquant qu'il m'adresse fait palpiter mon cœur. Joli remède !

— Tu es peut-être stressée par l'épreuve d'aujourd'hui ? hasarde Mia.

— C'est vrai, tu as déjà dit que tu ne te sentais jamais à l'aise dans l'eau, renchérit Georgina.

— Peut-être. Merci, les filles.

Elles se font du souci pour moi. Pourtant, elles se trompent : ce n'est pas le stress qui assaille mon esprit comme un essaim de guêpes, c'est une force plus inquiétante… plus sinistre.

Un bourdonnement mêlant excitation et appréhension agite les aspirants durant le cours d'éléments, car, à la fin de celui-ci, nous aurons à effectuer un cas pratique dans la piscine de Poséidon. J'ai beau le nier, cette perspective me rend nerveuse : l'eau et moi, on n'est pas copines. J'ai pourtant déjà six cours derrière moi, mais je ne parviens à produire qu'un minicyclone, quand d'autres comme Ren, Marek et même Lucian forment des vagues de six à huit mètres de haut.

L'exercice du jour va consister à rester le plus longtemps possible en apnée pour aller ramasser des pierres au fond de la piscine. Cela paraît simple, mais c'est sans compter qu'il faudra aussi esquiver les attaques d'une bête aquatique que va lâcher Poséidon. Ce dieu a un humour très particulier.

Bref, à force de ruminer sur ce qui m'attend, j'ai failli mettre le feu au pantalon d'Hella en laissant échapper une boule de feu… Elle est allée exploser à ses pieds. Héphaïstos s'est précipité avec un seau d'eau et l'a copieusement arrosée. La pauvre, elle tire une tête maintenant…

— Pardon, Hella ! Je suis vraiment désolée ! dis-je, les mains encore enflammées.

— C'est bon.

Elle s'éloigne en vitesse. Zut, je lui ai fait peur.

— Concentre-toi pendant mon cours, sinon tu vas vraiment blesser quelqu'un, grogne Héphaïstos.

Il jette le reste de son seau sur mes mains.

Malgré cet avertissement mérité, je ne sors pas de ma distraction durant le cours d'ombre et de foudre (où je suis à peine tolérée, des fois que je m'électrocute à nouveau). Dans le jardin de Déméter où nous pratiquons la culture de vigne, mon inefficacité est totale… La terre, les plantes, ce n'est pas mon truc, alors que mon groupe sait déjà faire pousser les fleurs ou déplacer les rochers d'un claquement de doigts. Georgina cultive même ses fruits et légumes rien qu'au toucher et à l'intuition.

J'abandonne pour aujourd'hui, je m'assieds dans l'herbe et regarde les autres amadouer des lianes pour qu'elles s'enroulent autour des jambes de Déméter. Je m'amuse quand la vigne de Jasmine devient folle, se met en tirebouchon autour de ses propres pieds et la fait tomber !

J'entends des rires. Cela vient du groupe de Lucian, qui s'entraîne sur la plateforme du feu. Revana et Isobel ricanent, Revana se fend d'une grimace désagréable à mon attention.

Comment cette fille peut-elle être aussi fielleuse ? Mis à part son cercle très restreint, elle méprise tout le monde. Ma colère bouillonne, je serre les dents, j'arrache des brins d'herbe, je gratte la terre avec mes doigts. Revana me rappelle tellement Callie, dont j'ai supporté les crasses parce que je n'avais pas le choix. Faudrait vraiment que quelqu'un lui rabatte son caquet.

Tandis que cette conne continue de se moquer ouvertement de moi, j'imagine un bâillon sur sa grande gueule. L'image est tellement pénétrante que j'éclate de rire.

Une voix me ramène à la réalité.

— Ça suffit, Melany.

Déméter me secoue l'épaule.

— Quoi ?

— Lâche Revana.

Je ne comprends pas… jusqu'à ce que je tourne mon regard vers Revana.

Oooooh.

Mon ennemie est enturbannée de vignes. Chaque fois qu'elle se débat, les lianes se resserrent davantage. On entend ses cris étouffés, on voit ses yeux écarquillés. Les branches qui la ligotent proviennent d'une pousse près de ma chaussure. Dès que je saute sur mes pieds, la vigne se détend, et Isobel et Revana parviennent à l'arracher.

À peine libérée, Revana se précipite vers moi comme un train de marchandises.

— Sale garce !

J'esquive son coup de poing avant que Déméter intervienne.

— Elle a essayé de me tuer ! s'offusque Revana.

— C'était un accident, n'est-ce pas, Melany ?

— Tout va bien là-bas ? tonne Zeus, qui nous regarde d'en haut.

— Rien de grave, tout va bien, répond Déméter, le pouce levé.

— Faut-il en discuter en salle du conseil ? insiste-t-il, les yeux braqués sur moi.

— C'est inutile. Rien de grave, n'est-ce pas, Revana ?

Cette dernière me lance un regard noir, mais hoche la tête.

— Alors reprenez l'entraînement, conclut Zeus.

Ensuite, il ordonne à son groupe – des curieux qui n'ont pas perdu une miette de l'échange – de s'y remettre aussi. Revana et Isobel rejoignent leur plateforme. Déméter en profite pour me prendre à part.

— D'où tu sortais ça ?

— Je ne sais pas, j'étais juste assise par terre, c'est tout.

— Il s'est forcément passé quelque chose.

— Je crois que… je me suis un peu énervée.

Elle m'observe en silence pendant plusieurs secondes.

— Je dois dire que je n'ai jamais vu un aspirant obtenir pareil résultat à ce niveau… Bien joué ! ajoute-t-elle avec un clin d'œil.

Voilà, nous avons tous fait le tour des autres éléments, c'est l'heure du rassemblement autour de la piscine. Plusieurs professeurs s'installent dans les gradins. J'ai les nerfs en pelote, je ne peux m'empêcher de gigoter pendant les explications de Poséidon, qui distribue un filet de pêche à chacun.

— Le but de cet exercice est de rester en apnée aussi longtemps que possible et de ramasser le plus de roches. Rien de plus facile, n'est-ce pas ? Un détail : soyez gentils avec mon adorable Charybde, qui barbotera avec vous.

Une créature ressemblant à un serpent d'un mètre de long tournoie dans l'eau. Je n'ai jamais vu de près ce Charybde, mais il paraît qu'il possède neuf yeux autour de sa gueule débordante de dents acérées comme des rasoirs. Je ravale la bile qui monte dans ma gorge.

— Ne vous inquiétez pas, les morsures de bébé Charybde ne sont pas mortelles, elles picotent juste un peu. Celui ou celle qui remontera plus de vingt pierres aura la faveur des dieux et sera convié à un somptueux dîner, en présence de Zeus et moi-même.

À cette perspective, beaucoup jubilent. Pas moi.

— PLONGEZ !

Mes camarades se jettent dans la piscine. Je les regarde disparaître un à un dans les profondeurs, mais demeure pétrifiée, tenue en otage par les images de mes rêves. Je ne peux pas sauter. Si je vais là-dedans, je ne remonterai jamais.

Poséidon me pousse par derrière. Le salaud.

Je manque d'atterrir sur Jasmine, qui venait juste de plonger. Elle lève le pouce et me montre les pierres. OK, je descends plus profond et commence à remplir mon sac. Un mouvement attire mon attention. Je lève les yeux juste à temps pour voir arriver le poing de Revana. Heureusement que la résistance de l'eau atténue le coup, sinon j'aurais été assommée. Du sang s'échappe tout de même de mon nez.

Alors qu'elle se prépare à frapper de nouveau, Lucian s'interpose. Il fait signe à Revena de s'occuper de son filet. Elle obéit à contrecœur. Toujours aussi adorable, Lucian me demande par des gestes si je vais bien. Oui. Il ramasse quelques pierres et les met dans mon sac. Je secoue la tête mais ne peux m'empêcher de sourire… Mon sourire s'estompe quand je repère Charybde qui fonce sur nous. C'est mon sang qui l'attire comme un requin.

J'écarte Lucian au moment où la créature le charge. Je pousse des deux jambes sur le carrelage de la piscine pour me propulser comme une fusée, la vitesse me permet de frapper la bestiole en plein sur la gueule. Beurk, c'est flasque ! Mon estomac chavire, mais j'ai réussi à mettre Charybde en fuite.

Lucian est épaté. On décide de ramasser encore quelques pierres. Il n'y a plus grand monde autour de nous : seulement Ren, bien sûr, Marek, Revana et deux autres élèves.

Mes poumons commencent à brûler. L'incident avec Revana m'a distraite, mais maintenant le souvenir du portail revient au galop. C'est la panique. Lucian le remarque, me prend par la main et nage près de moi.

Revana nous observe, je sens sa colère et sa lutte pour rester plus longtemps sous l'eau. Elle est obligée d'abandonner et de remonter à la surface, non sans me faire un doigt d'honneur. Sympa.

Moi aussi, je lutte. J'ai la tête qui tourne, des points noirs qui dansent devant les yeux… Des murmures s'infiltrent dans mon esprit.

N'aie pas peur. Ne panique pas. Tu ne vas pas te noyer. Je ne te laisserai pas.

Je ne sais pas qui parle mais j'écoute. Lucian finit par me lâcher la main et remonte à la surface. Marek le suit peu après, puis la dernière fille. Il n'y a plus que Ren et moi sous l'eau.

Nous nageons ensemble. Mes poumons recommencent à brûler, Ren semble pouvoir demeurer éternellement sous l'eau. Ce mec est à moitié poisson, le sang de Poséidon coule certainement dans ses veines.

Sachant que Ren va gagner le prix, je suis plus qu'heureuse d'abandonner. Je vois alors les yeux de Ren s'agrandir. Ça bouge derrière moi. Je me retourne. Charybde est là, gueule grande ouverte, sur le point de la refermer sur ma tête.

CHAPITRE 12

LUCIAN

Horreur, Charybde file sur Melany et Ren ! Je voudrais plonger pour les aider, mais Poséidon est intraitable, il m'interdit de sauter à l'eau sous peine de blâme.

— Elle doit se débrouiller seule, répète-t-il.

La piscine est maintenant bordée de monde. Les aspirants observent en attendant ce qui va suivre, les amies de Melany ont franchement peur, Revana et Isobel se réjouissent.

J'ai une boule au fond de la gorge en regardant les mouvements erratiques de l'eau… Charybde jaillit soudain comme un boulet de canon et atterrit aux pieds de Poséidon. La créature est indemne, mais semble indignée d'avoir été éjectée de la piscine.

Poséidon éclate de rire, puis tapote la tête de sa limace de mer. Peu après, les têtes de Melany et Ren émergent, ce qui déclenche vivats et applaudissements.

— Bravo, je vous déclare gagnants ex aequo du concours, annonce le dieu.

Je tends la main pour aider Ren à sortir de la piscine, puis Melany. Comme elle frissonne, je drape une grande serviette autour de ses épaules. Son nez saigne toujours.

— Tu as encore un peu de sang, dis-je.

Elle se tamponne le visage en me remerciant.

— Ça te fait mal ?

— Non. Elle frappe comme une gamine.

Je rigole, ce qui me vaut un regard meurtrier de Revana. Ren, qui est maintenant au milieu d'un petit cercle, raconte ses aventures, ce qu'il adore.

— Je vous jure que vous avez raté un spectacle de ouf ! Melany est une championne, elle a attrapé ce truc dégueu par le cou et l'a dégagé. Jamais vu un truc pareil !

— Euh… Ce n'était pas aussi cool que ça, nuance Melany.

— Si ! T'es balèze ! insiste Ren.

Le compliment la fait rougir. Je dois reconnaître qu'il a raison, Melany est loin d'être une mauviette. Elle m'a aussi évité d'être attaqué par cette limace. Et elle me botte constamment le cul à l'entraînement au corps-à-corps.

Je me penche et lui murmure à l'oreille :

— Il a raison, Blue. Tu es une dure à cuire.

Melany ouvre la bouche pour me répondre, mais je suis écarté par ses amies qui veulent l'entourer. Je rejoins les miens. Diego, Jonah et Trevin sont en train de féliciter Ren, notre homme-poisson.

La journée est terminée, nous retournons aux dortoirs. J'ai hâte de redescendre au réfectoire parce que j'ai une faim de loup, mais j'ai aussi très envie de retrouver Melany : pour la remercier et… passer du temps avec elle.

— Revana aurait dû y aller plus fort avec cette garce, lance Diego, qui se coiffe pendant que je prends ma douche.

— Arrête de parler d'elle comme ça.

— Tu la défends ? Revana est censée être ton amie, je te rappelle.

— Elle l'est, mais elle récolte ce qu'elle sème.

— Hein ?

— Revana n'est pas toujours quelqu'un de bien, dis-je en finissant de m'habiller.

— On n'est pas ici pour être des agneaux. Depuis quand, toi, t'es sympa avec une fille comme Melany ?

— Elle est différente… Je l'aime bien.

— Je suis prêt à l'aimer aussi si elle écarte les jambes ! ajoute-t-il avec un geste grossier.

— Fais pas ton connard, Diego.

Je repars. Diego et moi étions amis avant l'Academy, comme avec Revana. Nous sommes tous les trois issus de familles aisées et dévotes, nous avons évolué dans les mêmes cercles et reçu la même éducation centrée sur la formation à l'Academy. Dans chacune de nos familles, il y a eu des appelés. Mon frère, Owen ; l'oncle de Diego, il y a trente ans ; chez Revana, c'est encore plus ancien : son grand-père maternel a reçu l'invitation quelques mois après la naissance de sa mère. J'ai grandi à leurs côtés, mais je commence seulement à ouvrir les yeux : ce ne sont pas des gens bien, ils sont égoïstes, imbus d'eux-mêmes et méprisants envers tous ceux qui ne font pas partie de leur cercle. Si notre amitié ne datait pas d'avant, je doute qu'aujourd'hui j'aurais envie de faire leur connaissance.

Je me précipite dans la salle à manger, remplis mon plateau de victuailles et m'installe près des portes. Je ne veux pas rater Melany. Mais ce sont Diego et les autres qui me rejoignent. Merde.

— Pourquoi t'es assis là ? demande Revana en posant son plateau à côté du mien. C'est nul, comme table.

— Ça change.

J'engloutis la nourriture sans quitter la porte des yeux.

— Ce n'est pas juste que Melany ait gagné aussi. Ren méritait la première place solo, lance Isobel.

— Elle a forcément triché, renchérit Revana. Cette conne est nulle dans l'eau, tout le monde l'a remarqué. La dernière fois, elle n'arrivait même pas à produire un jet.

— Melany n'a pas triché.

— Comment tu le sais ? répond Revana en me fusillant du regard.

— Parce que j'étais avec elle. Melany est la meilleure d'entre nous. Moi y compris.

Revana me tourne le dos et se remet à parler à Isobel, qui est elle-même occupée à manger les frites de Diego.

Mon ami la laisse faire parce qu'il a des vues sur elle. Il la regarde toujours avec des yeux de chiot implorant.

— Vous êtes au courant pour Kios, Pécunia et La Nouvelle-Athènes ? lance Trévin. Paraît qu'il y a eu de gros tremblements de terre.

— Où t'as entendu ça ? s'inquiète aussitôt Jonas.

— Tu es de là-bas ? je m'enquiers.

— Je viens d'Histria, c'est juste à côté.

— Un aspirant a gardé son téléphone portable, explique Trevin. C'est sur tous les sites d'infos.

— Non, c'est faux. Personne n'a réussi à garder son portable. Et puis on nous le dirait si un truc comme ça arrive là où on habite… n'est-ce pas ? s'exclame Isobel, les larmes aux yeux.

— Bien sûr, lui répond Revana sans conviction.

Jasmine et Georgina viennent d'apparaître dans le réfectoire, je bondis de ma chaise.

— Hé, Lucian ! Tu vas où ? s'écrie Revana dans mon dos.

Inutile de répondre.

La surprise se lit sur le visage de Jasmine quand je m'installe à leur table.

— Tu veux quoi ? demande Georgina.

— Blue. Elle est où ?

— Dans notre chambre. Repos de la guerrière. Elle a morflé dans la piscine.

— Tu lui veux quoi ? m'interroge Jasmine.

Son ton suspicieux ne me surprend guère, je ne me suis pas montré des plus aimables envers elles, ces dernières semaines.

— Je voudrais juste savoir si elle va bien.

— Elle va bien.

Jasmine reprend sa conversation avec Mia. Pigé, je suis de trop. Mais je n'ai pas envie de retourner auprès de Diego et les autres, c'est Melany qui m'intéresse. Juste avant de quitter le réfectoire, j'attrape quelques cupcakes puis je me dirige vers le dortoir des filles. J'aviserai sur place comment faire pour m'introduire en douce. Qu'est-ce que je risque ?

Une fois arrivé devant la porte d'accès, je réfléchis à ma stratégie : je pourrais tenter de me dissiper dans les ténèbres comme Érèbe nous l'a appris… mais je ne suis pas aussi doué que Melany et il y a trop de lumière pour moi ici.

Trop de lumière… Je repère un caillou sur le sol et le ramasse. En visant bien, je pourrais dégommer les ampoules des appliques. Bingo ! Et d'une… et de deux. Parfait, cette partie-ci du couloir est maintenant plongée dans le noir.

J'avance en rasant le mur pour rester dans l'ombre. Si une fille a gardé sa porte de chambre ouverte et qu'elle lève la tête au moment où je passe, elle ne verra qu'un mouvement furtif… Argh, mais j'ignore quelle chambre est celle de Melany ! Tout ce que je sais, c'est qu'elle la partage avec Georgina... Hé mais ! Un jour, Georgina a mentionné qu'elles étaient toujours les dernières à sortir du dortoir. OK, donc c'est tout au bout.

J'arrive devant deux portes : l'une ouverte sur une pièce plongée dans le noir, l'autre fermée, avec un rai de lumière et des hurlements de thrash metal. Plus de doute, Melany est bien la seule fille que je connaisse qui écoute ce genre de musique !

Je frappe deux grands coups pour qu'elle m'entende, je suis soudain nerveux. C'est le visage renfrogné de Melany qui apparaît quand la porte s'ouvre.

— Quoi ?

Puis ses yeux s'écarquillent quand elle me voit.

— Je t'ai apporté du dessert ! dis-je en tendant les cupcakes.

— Bordel, Lucian, qu'est-ce que tu fous ici ? répond-elle en jetant un coup d'œil dans le couloir.

— Il paraît que tu n'es pas en forme, alors j'ai pensé qu'un peu de chocolat te ferait du bien.

— T'es bizarre comme mec !

— Qui ne l'est pas dans cette école pour demi-dieux !

— Pas faux, réplique-t-elle en m'arrachant les gâteaux des mains.

— Je peux entrer ?

Melany m'ouvre grand sa porte. Je ne sais pas trop à quoi je m'attendais : des murs roses et des peluches partout ? Mais non, leur chambre ressemble à la nôtre, en mieux rangée peut-être.

Pour ne pas trop empiéter sur son territoire, je m'assieds par terre, Melany en fait autant. Elle mord à belles dents dans un cupcake. Du glaçage reste accroché sur le bout de son nez.

— Quoi ? demande-t-elle en voyant que je me retiens de rigoler.

Je pointe le doigt sur son nez. Elle s'essuie, puis mange en silence. J'apprécie ce moment. Une fois qu'elle a terminé, elle se lèche les doigts.

— Merci, c'était vachement bon.

Cette fille est si différente. Celles avec qui j'ai grandi ne sont pas spontanées, elles manquent cruellement de naturel, toujours sur leurs gardes. Elles veulent donner une image de perfection, de dévotion aux dieux et de fidélité à leur famille. Je n'ai rien observé de tel chez Melany.

Je regarde le serpent qui est tatoué sur son bras.

— Pourquoi tu as choisi ce tatouage ?

— Parce que.

— Allez ! Il veut dire quoi ?

— Le serpent signifie la renaissance, l'éveil. Pour me rappeler que je peux devenir ce que j'ai choisi d'être. Maîtresse de mon destin.

— Dit celle qui a suivi une boîte mystérieuse pour rejoindre l'armée des dieux !

— Hé, j'ai choisi de venir, personne ne m'a forcée. C'était une invitation, chacun était libre de refuser.

Je n'avais jamais pensé de cette façon. Choisir d'accepter ou de décliner d'intégrer l'Academy n'a jamais été un sujet, puisque ma famille avait décidé pour moi avant même ma naissance. Je n'aurais jamais été autorisé à dire non.

— Et ces deux corbeaux entrelacés ?

— Ils représentent mes parents, qui sont morts quand j'étais petite. Dans un accident.

— Oh, désolé.

Elle hausse les épaules.

— J'avais trois ans. On m'a emmenée à l'orphelinat. Après, j'ai enchaîné les foyers d'accueil jusqu'à ce que Sophia, la sœur de ma mère, découvre mon existence. Elle m'a adoptée quand j'avais treize ans.

— Ça n'a pas dû être facile.

— C'est comme ça. J'essaie de ne pas trop y penser.

Ses doigts soulignent les contours d'un troisième tatouage – des crânes ! – sur son avant-bras gauche.

— Et eux… je les trouvais sympas.

— Super sympas ! Ta tante aimait bien ?

— Elle ne m'a jamais fait de remarques. Pas comme les Demos : ils les détestaient.

Ce nom me dit quelque chose.

— La famille Demos ?

— Oui. Nous habitons sur leur propriété, Sophia travaille pour eux.

— Leur fille s'appelle… Callie, c'est ça ?

— Tu les connais ?

— Un peu. Mon père et M. Demos font des affaires ensemble.

— Waouh ! On s'est peut-être croisés à l'une de leurs fêtes.

— Ça m'étonnerait… Je me souviendrais de toi.

Elle rougit. L'envie de l'embrasser me traverse soudain comme une traînée de poudre. Je suis même surpris à quel point elle est forte.

Puis une autre pensée s'impose.

— Tu habites à Pécunia ?

— Oui, pourquoi ?

— Ce n'est peut-être rien, je ne voudrais pas t'inquiét…

— Trop tard, alors vas-y. Quoi ?

— Il y aurait eu un tremblement de terre là-bas.

Elle devient si pâle que je la crois sur le point de tomber dans les pommes.

CHAPITRE 13

MELANY

— Il n'y a jamais eu de tremblement de terre à Pécunia !

Je fixe Lucian en espérant qu'il plaisante ou qu'il se trompe de ville, mais, non, il semble très sérieux. Je bondis sur mes pieds, l'esprit en ébullition. Comment va Sophia ? Est-elle en sécurité ? Y a-t-il une bonne âme pour s'occuper d'elle s'il est arrivé quelque chose ?

— Dis-moi tout ce que tu as entendu.

— Trevin en parlait à table. Un ami d'ami aurait accès aux infos parce qu'il a réussi à conserver son téléphone portable. Pécunia, Kios et La Nouvelle-Athènes auraient subi un tremblement de terre… Moi, je n'y crois pas.

Vrai ou faux ? Mon cœur s'emballe. Il y a bien un moyen de se faire confirmer l'information… Déméter.

— Dépêche-toi, on y va, dis-je en enfilant mes rangers.

— Où ça ?

— Vérifier si c'est vrai ou non.

Lucian m'emboîte le pas sans traîner. Je sais où trouver Déméter : exactement au même endroit que la dernière fois, adossée au mur en train de fumer un pétard.

Elle fait une grimace en nous voyant.

— *Tss*, tu parles d'un coin tranquille, marmonne-t-elle.

Je ne relève pas et vais droit au but :

— Bonsoir, j'ai besoin de votre téléphone.

— Ben voyons, et pourquoi ?

— Pour voir les infos.

Son visage se décompose, elle a compris ce que je suis venue vérifier.

— Alors c'est vrai ? je lance.

— Je ne sais pas de quoi tu parles.

— Allez, Déméter, juste une petite faveur, ce n'est rien pour une déesse comme vous… Et puis je vous ai rendu service, l'autre jour.

Lucian se raidit, il pense sûrement que je suis folle d'oser bousculer une déesse, mais je n'ai pas le choix.

Déméter me sort son portable en soupirant. Chouette. Une vidéo d'actualités est en pause sur l'écran, je me contente d'appuyer pour la relancer.

« À Pécunia, les dégâts sont colossaux, je n'ai jamais vu un tremblement de terre aussi destructeur. Quelle désolation… » Le journaliste progresse au milieu des décombres. Tout est détruit autour de lui. Des lignes électriques pendent sur l'asphalte défoncé comme un ruban haché menu. Face à lui, un mur éventré sur lequel on peut lire un nom. Avenue Homère. Je vois où c'est. Elle se trouve – se trouvait – en bas de la colline du domaine Demos. Callie et moi y allions souvent pour manger des glaces et boire des cappuccinos en terrasse.

Lucian pose la main sur mon bras.

— Ça va, Blue ?

Une chape de glace m'enserre le cœur. Est-ce que je vais bien ? Sûrement pas.

— C'est arrivé quand ? je demande à Déméter.

— Hier.

— Vous comptiez en parler ? L'annoncer aux aspirants ?

— Pourquoi faire ? Cela ne vous concerne pas. Votre entraînement est prioritaire.

D'un geste brusque, je lui rends son téléphone. Sans plus me soucier de cérémonie ou de déférence, je dis :

— Comment on sort d'ici ?

— Tu ne peux pas.

— Il y a forcément un moyen.

— Si tu quittes l'Academy, tu seras définitivement expulsée, tes souvenirs seront effacés et tu ne pourras jamais rentrer chez toi. Tu deviendras l'une de ces âmes errantes.

J'accuse le coup mais ne le montre pas.

— Elle a raison, Blue, intervient Lucian. Il n'y a rien à…

Je repousse son bras.

— Je dois y aller. J'ai besoin de savoir si Sophia va bien. Elle n'a personne d'autre que moi.

Les larmes montent, mais je les retiens de toutes mes forces. Je refuse de laisser transpercer la moindre faiblesse.

Déméter me plaque soudain contre le mur.

— Écoute-moi bien, Melany. Ne va pas à Pécunia. Le mieux que tu puisses faire, c'est de terminer ta formation. Ton entraînement est d'une importance capitale, bien plus que tu l'imagines.

Elle me cache quelque chose, c'est évident. La franchise n'est pas la qualité première d'un dieu.

— Donnant-donnant : si vous me dites pourquoi c'est si important, je resterai.

Elle m'observe un long moment, puis s'adresse à Lucian :

— Mets un peu de bon sens dans le crâne de ta petite amie. (La déesse attrape ensuite un joint caché derrière son oreille, l'allume d'un claquement de doigts et inspire une bouffée.) Si j'étais vous, je rentrerais avant le couvre-feu.

Elle s'éloigne avec nonchalance vers le labyrinthe.

J'aurais voulu la secouer à mon tour pour lui arracher la vérité, mais elle ne me la dira jamais. « Les voies des dieux sont mystérieuses et impénétrables. » Mon cul, oui, ce sont tous des enfoirés.

— Allez, viens, Melany, dit Lucian en m'attrapant par la main.

Il me tire jusqu'aux dortoirs, me tient la porte, s'efface pour me laisser entrer la première. Je lâche sa main ; ça suffit comme ça, les contacts.

— J'ai peut-être une solution, déclare-t-il alors que nous montons l'escalier.

— C'est quoi ?

— Tu es sûre et certaine de vouloir sortir ?

— Je veux savoir comment va Sophia. Elle s'est beaucoup sacrifiée pour moi, je dois en faire autant pour elle.

— OK. Il existerait un réseau de tunnels qui mène au continent.

— On y entre par où ?

— La forge.

— Chez Héphaïstos ?

— Oui. Dans la gueule du dragon.

— Waouh… Par le feu.

Il acquiesce.

— Ton info est fiable ? Je n'ai pas envie de risquer l'immolation pour des prunes.

— Dionysos en a parlé.

Mon enthousiasme retombe.

— Ah. Le Dionysos qui fabrique des potions imbuvables et les boit pour vérifier leur goût…

— Il l'a dit l'autre soir alors qu'il traînait avec des garçons de notre dortoir. Ce serait par là qu'il sort quand il veut aller voir ses « petites terriennes ».

— Pffff… Tu parles d'une info.

— Hé, je suis sérieux, sinon je ne te ferais pas cette suggestion. Les dieux aussi sont piégés, ils connaissent forcément des moyens de sortir d'ici.

— Pas faux. Mais je dois parler à Dionysos. Tu sais où je peux le trouver ?

— Aucune id…

De la musique jaillit soudain. Cela vient de la grande salle. Plus nous approchons, plus le bombardement des basses est assourdissant. Dionysos surgit au détour du couloir, perché sur l'un des robots d'Héphaïstos. Il ressemble à un vautour fou avec sa crête noire et ses yeux surlignés à l'eye-liner noir.

— Lucian ! Melany !

Il tourne autour de nous en riant comme un fou.

— J'ai une question à vous poser ! je hurle.

— Quoi ?

— Baissez la musique !

La musique s'arrête instantanément. Efficace.

— Quelle question ?

— C'est vrai qu'on peut sortir de l'Academy par la forge ?

Le regard de Dionysos se pose sur Lucian.

— Je croyais qu'on était frères.

— Elle doit savoir. C'est important, Dionysos.

— Fais gaffe, Blue Bell, si tu quittes l'Academy, c'est définitif.

J'acquiesce. C'est bon, j'ai capté. Dionysos prend le temps de la réflexion, puis se décide enfin avec un haussement d'épaules.

— À toi de voir. Mais tu me donnes tes rangers avant de partir, elles sont trop géniales !

Il sort une petite fiole remplie d'un liquide violet et me la tend.

— Prends ça, tu en auras besoin.

Puis il nous donne les indications.

Je retourne au dortoir avec Lucian pour récupérer ma veste et mon sac à dos, mais à peine avons-nous franchi le seuil de ma chambre que Jasmine et Georgina nous tombent dessus. Une véritable embuscade. Elles m'attendaient.

— Qu'est-ce qui se passe ? demande Jasmine. Quelqu'un vous a vus sortir de l'école en courant.

Elle fixe Lucian comme s'il était responsable de mes idées folles.

— Je pars.

— Mais pourquoi ? s'exclame Georgina en m'empêchant de remplir mon sac.

— J'ai un truc à faire.

— Tu seras expulsée.

— Rrrroh, je sais ! Je prends le risque.

— C'est à cause du tremblement de terre ? s'enquiert Jasmine.

Tiens, elle est au courant, la rumeur a circulé.

— Oui.

— Alors je viens avec toi.

— Non ! Tu ne vas pas risquer de…

— Ma famille vit à La Nouvelle-Athènes. S'ils sont… J'ai besoin de savoir.

— Donne-moi ton adresse, je me renseignerai.

— Si tu dois filer en douce, laisse ton sac, reprend Georgina. Voyage léger, se sera plus rapide. Ne pars pas maintenant alors que tout le monde est encore debout. Attends la nuit. Ça te laissera six heures avant le début des cours.

— Georgina a raison, c'est trop dangereux pour l'instant, dit Lucian.

Trois paires d'yeux sont posées sur moi. Mon regard s'arrête finalement sur Jasmine.

— OK. On attendra minuit.

Jasmine acquiesce puis quitte notre chambre. C'est presque l'heure du couvre-feu, Pandore ne va pas tarder.

— Toi aussi, Lucian, retourne dans ton dortoir.

— Je te retrouverai en bas de l'escalier avant la fonderie d'Héphaïstos.

— Surtout pas. Tu en as déjà assez fait.

— Je serai là pour faire diversion au cas où.

Et il part avant que je puisse répondre. Je me laisse tomber sur mon lit.

— Tu es sûre de toi ? me demande Georgina.

— Non. Mais je dois y aller. Je ne peux pas rester ici sans savoir ce qui s'est passé à Pécunia. Il n'y a jamais eu de tremblements de terre. Jamais.

— Tu penses à un truc anormal ?

— Je pense surtout à Sophia : je m'en voudrais à mort de ne pas l'aider si elle a besoin de moi.

— Il faut que tu essaies de sortir et revenir sans être découverte.

Elle attrape une boîte rangée sous son lit, l'ouvre et en sort un paquet enveloppé qu'elle me tend. Dans le mouchoir, je découvre une petite boule verte de la taille d'une balle de golf. L'odeur de fromage qui s'en dégage me picote le nez.

— C'est quoi ?

— Un remontant. L'équivalent de dix boissons énergisantes, mais sans le sucre ! Ça te donnera une bouffée d'énergie quand tu en auras besoin.

— C'est toi qui l'as fabriqué ?

— Oui. Avec l'aide de Déméter. Elle dit que je suis habile.

— Tu as vraiment un don. Merci, Georgina !

Je fourre son remède dans la poche de mon pantalon. Ensuite, Georgina me serre si fort dans ses bras que je peux à peine respirer.

— J'ai peur pour toi, Melany.

— T'inquiète, ça va rouler.

— J'ai eu une vision pendant le cours de prophétie. Ça te concerne, Melany.

— Ah ouais !

— J'étais près du labyrinthe avec Jasmine, Ren et Lucian. Un serpent géant en est sorti, la gueule grande ouverte pour montrer ses dents acérées comme des rasoirs et dégoulinantes de poison. Il voulait nous avaler tout entiers.

— Je suis trop coriace pour qu'un serpent me digère !

— Tu n'y es pas du tout, Melany : le serpent, c'était toi.

CHAPITRE 14

MELANY

Allongée sur mon lit, j'attends minuit. Impossible de dormir, évidemment ; ça tourne trop dans ma tête avec ce qui m'attend pour sortir de l'Academy. Il y a aussi cette histoire de serpent : je ne sais pas trop comment la prendre… Georgina a de l'imagination, c'est une créative, n'empêche que sa vision n'avait rien de positif.

Dix minutes avant les douze coups, je saute du lit, enfile mes chaussures et tapote mes poches pour vérifier que la boule verte et la fiole y sont toujours. J'ai les nerfs en pelote et l'estomac noué. Je suis peut-être en train de courir à ma perte et d'entraîner Jasmine dans ma chute…

— Bonne chance. Reste en vie, murmure Georgina.

— Compte sur moi.

Je jette un coup d'œil au couloir sombre… C'est bon, il est vide. La prochaine ronde de Pandore aura lieu dans deux heures, ce qui me laisse largement le temps de descendre à la forge et de trouver la sortie. Mais si Héphaïstos est dans son atelier, toutes ces précautions n'auront servi à rien.

Je sors, rase les murs sans jamais quitter les ombres vacillantes jusqu'au palier où j'attends Jasmine. Elle me rejoint quelques minutes plus tard. Nous descendons sans un mot jusqu'au hall principal.

Tout est calme. On entend juste le tic-tac de l'énorme horloge suspendue au-dessus des portes. Nous courons jusqu'à l'escalier, c'est parti pour la longue descente dans le noir. Mieux vaut ne pas trébucher, ce serait la cata. J'aurais dû penser à apporter une lampe… Je baisse les yeux sur mes mains. Mais oui ! Je les frotte énergiquement l'une contre l'autre, consciente de faire du bruit, mais il n'y a pas d'autre méthode pour faire jaillir la lumière. Jasmine écarquille les yeux en voyant apparaître les flammèches jaunes. Je les rassemble pour créer une petite boule de feu qui sera suffisante pour nous guider. Mon amie lève le pouce, épatée.

Nous reprenons notre descente à la lumière de ma lanterne artisanale. Une fois que nous sommes arrivées en bas, je fais signe à Jasmine que nous n'attendrons pas Lucian plus de trois minutes. Je compte jusqu'à cinquante, puis décide qu'on ira sans lui.

Du bruit et une faible lueur surgissent. C'est Lucian… et ce crétin n'est pas seul.

— C'est quoi, ce bordel ? je murmure.

— Ma famille vit à La Nouvelle-Athènes, répond Ren, la mine piteuse.

— Non. Je refuse d'être responsable d'une expulsion collective.

— J'assume entièrement, Melany, tu ne seras pas responsable. De toute façon, j'y vais, avec ou sans toi… Mais je préfère avec toi parce que tu sais toujours ce que tu fais !

— Pareil pour moi, renchérit Jasmine.

Ils me connaissent bien mal. J'aimerais leur avouer que je n'ai pas la moindre idée de ce qui nous attend. Même si Dionysos m'a donné des indications, on peut parfaitement errer pour toujours dans les tunnels.

— OK, allons-y, je capitule.

Cinq minutes plus tard, nous sommes à l'entrée de la forge. À l'intérieur, la seule lumière, orangée, provient du métal en fusion qui s'écoule tranquillement dans les gouttières tout autour de la grotte. Je balaie la zone du regard à l'affût d'un mouvement… C'est bon, on dirait que nous sommes seuls. Direction : la forge du dragon.

— Suivez-moi.

D'abord, les marches, puis le pont que nous traversons en vitesse. Un cliquetis résonne alors, aussitôt suivi par un marmonnement. C'est Héphaïstos qui parle tout seul.

Jasmine attire mon attention et pointe un rocher derrière lequel nous pourrions nous cacher. Elle s'y précipite la première, puis Ren, Lucian et moi la suivons. Si Héphaïstos décide de traverser le pont, il nous repérera en quelques secondes. Lucian doit l'avoir compris également, car il saisit mon visage entre ses mains, m'embrasse très fort, puis se lève et part en courant vers le dieu du Feu. Je passe les doigts sur mes lèvres pour sentir les picotements qui s'y attardent.

Alors que je m'apprête à le suivre, Jasmine me retient en secouant la tête. Elle a raison, je le sais. Lucian a fait diversion, je n'ai pas le droit de gâcher cette chance.

— Qu'est-ce que tu fais ici, toi ? s'exclame Héphaïstos.

— J'ai une question sur le polissage au papier de verre des boucliers.

— Et tu as besoin de venir à minuit pour me demander ça ?

Lucian entraîne Héphaïstos vers l'atelier, le dieu nous tourne le dos, à présent. Je fais signe aux deux autres de me suivre après mon décompte : trois, deux, un…

Go, c'est reparti, on se précipite vers les marches et la passerelle menant à la forge du dragon. La chaleur me brûle déjà le visage. Une odeur âcre m'environne, j'ai sûrement des cheveux qui ont brûlé, peut-être même des cils aussi.

Nous avons peu de temps, quelques minutes tout au plus. Après une profonde inspiration, je place mes mains au-dessus de l'énorme foyer. Le feu et moi, on se comprend. Je me concentre pour faire baisser ses flammes. Lentement, le foyer m'obéit, se réduit jusqu'à n'être plus que du charbon incandescent. J'écarte les braises au tisonnier pour nous tracer un chemin. Maintenant, il faut sauter dans la gueule du dragon. C'est le seul moyen. Je grimpe la première. La chaleur est quasi insupportable, mais j'y suis préparée. Jasmine et Ren me suivent en grimaçant. Surtout Ren. Son affinité avec l'eau est sans doute trop incompatible avec le feu.

Je continue de ramper en croisant mentalement les doigts pour que Dionysos m'ait donné les bonnes informations. J'aperçois enfin une ouverture dans la roche à quelques mètres. Ce doit être l'entrée du tunnel. Soulagée, je pénètre par l'ouverture. Les parois s'élargissent, on peut se tenir debout.

— Et maintenant ? me demande Jasmine.

— On doit continuer jusqu'à une fourche et prendre à droite.

— J'espère que Dionysos n'était pas ivre quand il t'a expliqué tout ça.

— Mais non.

Hum. Dionysos était tellement soûl qu'à la fin de notre conversation il ne tenait plus debout et il chantait à tue-tête tout son répertoire paillard. Lucian et moi avons dû l'aider à regagner sa chambre.

Le temps est notre ennemi, nous courons à présent dans le tunnel. Nous disposons de moins de six heures pour aller à Pécunia et revenir. À la bifurcation, c'est à droite, le boyau se rétrécit à nouveau. Je ne suis pas claustrophobe, mais mon cœur s'affole. Au bout d'une dizaine de minutes, nous pataugeons dans l'eau. Déjà l'océan ?

L'eau nous arrive ensuite au niveau des chevilles, puis aux genoux.

— Mel ? C'est normal ? s'inquiète Jasmine.

— Oui. Ren a le pouvoir de repousser l'eau… n'est-ce pas, Ren ?

— Euh… Si tu le dis.

Nous débouchons dans une grotte où l'eau reflue, ce qui rassure mes amis. D'après Dionysos, nous devons maintenant escalader la paroi rocheuse sur une vingtaine de mètres pour parvenir à une porte.

— On doit grimper. Par là.

L'ascension démarre en pente douce et paraît facile, mais les gravillons qui ne cessent de rouler sous nos pieds nous ralentissent. Je dérape plusieurs fois, Jasmine glisse comme sur une patinoire. Heureusement, Ren la rattrape par le bras, ce qui lui évite de recommencer depuis tout en bas. J'aperçois enfin une petite porte en bois qui se découpe dans la roche.

J'attends mes amis avant de l'ouvrir. Nous franchissons le seuil en courbant la tête. Nous voici maintenant à l'intérieur… d'une cabane qui n'a pas de plafond.

— Euh… Je crois qu'on est perchés dans un arbre.

— Tu es sûre ? s'inquiète à nouveau Jasmine.

Misère, le plancher se met à tanguer sous nos pieds. Une forme émerge au milieu des branches. Un être à la peau rugueuse et sombre comme l'écorce. Avec des yeux couleur de feuilles. Des branches sont plantées sur sa tête comme les bois d'un cerf.

Une dryade.

Qui a l'air fâchée de nous trouver ici.

— Vous êtes qui, vous trois ? Qu'est-ce que vous fichez dans mon arbre ?

Sa voix crépite comme des feuilles séchées.

— Moi, c'est Melany, et voici Jasmine et Ren, mes amis. Nous sommes de l'Academy. Nous allons à La Nouvelle-Athènes et à Pécunia.

— Non.

— Comment ça, non ? Ça n'a pas été facile d'arriver jusqu'ici.

— Non, je ne vous laisserai pas passer. C'est trop dangereux.

Frustrée, je tape du pied et plonge les mains dans les poches de ma veste… où mes doigts rencontrent une surface dure. Ah oui, la fiole !

— Tenez ! C'est de la part de Dionysos.

— Béni soit Dionysos ! s'exclame-t-elle en me l'arrachant des mains. Vous pouvez passer. Mais attention, des forces malveillantes sont à l'œuvre.

Elle s'écarte du chemin, révélant une autre porte. C'est reparti, je rampe à quatre pattes hors de l'arbre et débouche dans ce qui ressemble à un parc. Malgré l'obscurité, le chaos est immanquable. Un seul chêne est encore debout, les autres sont renversés, déracinés, brisés en un gigantesque amas de branches et de feuilles.

Jasmine retient ses larmes devant ce spectacle de désolation. Je redoute ce qui nous attend ailleurs.

Le tremblement de terre semble avoir tout détruit, la rue qui longe les arbres est défoncée.

— L'un de vous reconnaît ce parc ? je demande.

— Je suis presque sûr que c'est Pan Park, répond Ren. Si on prend à gauche, on devrait tomber sur l'allée Hégémone, qui mène au centre de La Nouvelle-Athènes.

— Oui, je connais aussi ! s'exclame Jasmine.

Peu après, nous traversons lentement la ville, qui ressemble à une zone de guerre. Les immeubles, les maisons, les magasins, tout est en ruine. Et le pire, c'est que nous sommes complètement seuls.

Lorsque nous atteignons Vista Heights, le quartier où habite sa famille, Ren accélère le pas. Jasmine et moi courons derrière lui. Il s'arrête devant une maison qui n'a plus ni toit ni étage.

Jasmine ramasse une lampe de poche qui refuse de s'allumer, les piles sont mortes. Je ne sais pas comment s'y prend mon amie, mais, après quelques minutes d'acharnement, la lampe revit. Elle la tient au-dessus de Ren pour éclairer la porte d'entrée. Un grand X rouge a été peint sur le bois. Et en plus petit : « EVAC 5 ».

— Ils ont sûrement réussi à partir, murmure Ren.

Jasmine le serre dans ses bras. Je suis contente pour lui, mais on n'a pas le temps de s'attarder, Pécunia est à une heure et demie de marche.

— À quelle distance est ta maison, Jasmine ?

— En voiture, ça prendrait un quart d'heure, mais à pied… une heure ? Peut-être moins ?

— OK, allons-y.

En longeant une rue relativement épargnée, nous tombons sur une voiture intacte. Un vrai miracle. La clé est même dans le démarreur. Sans perdre une minute, nous nous entassons tous les trois à l'intérieur, moi au volant. Le moteur vrombit dès que je mets le contact. Top… Euh, non, le réservoir est presque vide, on n'ira pas loin mais cela nous rapprochera.

Quinze minutes plus tard, je m'arrête devant un immeuble dont la façade est encore debout. Jasmine bondit hors de la voiture et court à l'arrière du bâtiment… Aïe, là, les dégâts sont énormes. Jasmine s'écroule en pleurs.

— Courage, Jasmine. J'ai vu des X rouges, ta famille a sûrement été évacuée, je hasarde.

— Jasmine ?

Une vieille dame avec des boucles grises et le visage raviné s'approche de nous.

— Mamie Lolly ! Qu'est-ce que tu fais ici toute seule ? s'exclame Jasmine tout en se lovant dans les bras de sa grand-mère.

— Je pourrais te poser la même question, fifille ! Je croyais que tu étais dans ton école chic.

— J'y étais. J'y suis toujours, mais quand j'ai entendu parler du tremblement de terre, j'ai eu…

— Ne t'inquiète pas, tes parents vont bien, ils ont déjà été évacués.

Mon cœur se serre devant leur effusion de tendresse.

— Et toi, mamie Lolly ? Pourquoi tu n'es pas partie avec eux ?

— Si, si, j'y vais. La fourgonnette de ramassage m'attend là-haut, mais je ne voulais pas partir sans mon Denzel. Il s'était caché, le vilain.

Je me rends compte qu'un petit chien tout tremblotant se cache entre ses jambes.

— Il s'est passé quoi, madame ? je demande.

Elle me regarde, le visage soudain hanté.

— Je n'ai toujours pas compris. J'étais couchée, quand l'immeuble s'est mis à trembler. Alors je me suis levée, j'ai allumé la télé, j'ai vu que le macadam était fendu. Il y avait une énorme chose qui sortait de terre, comme expulsée. La chose la plus folle que j'aie jamais vue... Après, les murs ont de nouveau tremblé. Des répliques, c'est ce qu'ils ont dit aux infos. Ensuite, on nous a ordonné d'évacuer. Je suis sortie de chez moi juste avant que tout s'effondre.

Jasmine la serre très fort dans ses bras, le petit Denzel jappe entre elles deux.

— Je suis tellement contente que tu sois en vie, mamie.

— Il y a de la place pour tout le monde dans la fourgonnette. Venez avec moi.

— Non, pas nous, mamie, répond Jasmine. On doit encore aller à Pécunia et ensuite retourner à l'Academy. Personne ne sait qu'on est ici.

Sa grand-mère lui caresse la joue.

— D'accord, ma petite, je ne dirai rien, mais je murmurerai peut-être à l'oreille de ta mère que tu vas bien.

Nous souhaitons bonne chance à mamie Lolly, puis nous remontons dans la voiture, qui accepte de redémarrer. Direction : Pécunia. Sur ces routes défoncées, le trajet sera lent. J'espère aussi que nous disposons d'assez d'essence pour tenir jusque-là. L'inquiétude me donne des crampes au ventre.

Patatras ! le moteur pétarade, crachote, puis la voiture s'immobilise en plein milieu de la route déserte.

— Merde ! Plus d'essence ! dis-je en me défoulant à grands coups de poing sur le volant.

— Je suppose qu'on doit continuer sur nos guiboles. Enlevez vos talons aiguilles, les filles !

Hum, Ren qui essaie d'être drôle. Il sort de voiture. Moi, je reste pétrifiée sur mon siège, le désespoir me gagne. Parce que c'est fichu. Il n'y a aucun moyen d'aller à Pécunia et de revenir au portail en trois heures. Je commence même à me demander si ça vaut la peine de retourner à l'Academy. Ils ne pourront pas m'expulser si je n'y suis pas, non ? Quel est le pire qui puisse m'arriver ?

Mais j'ai envie d'y retourner. J'ai envie d'achever ma formation, de devenir une demi-déesse, de revoir Georgina. Et Lucian. Oui, j'ai désespérément envie de revoir Lucian. Je touche mes lèvres, qui se souviennent encore de son baiser.

Je pose la tête sur le volant. Réfléchis, Melany : comment aller à Pécunia ? Une odeur de vieux fromage vient me picoter le nez. Ah ! La boule énergisante qui pourrit dans ma poche.

Je ressors le mouchoir. Georgina a dit que l'effet équivalait à dix Red Bull. Un remontant pareil, ça vaut le coup d'être essayé. Je le divise en trois et tends un morceau à Jasmine.

— Beurk ! C'est quoi ? demande-t-elle en fronçant le nez.

— De la part de Georgina la cuisinière. Ce truc est censé nous donner un coup de fouet. Peut-être qu'après l'avoir avalé on réussira à courir jusqu'à Pécunia.

— Mouais. Dommage surtout qu'on n'ait pas commencé les cours d'envol. Par la voie des airs, on aurait pu être là-bas en un rien de temps.

Elle ouvre quand même la bouche et pose la pâte verte sur sa langue. C'est ce qui me décide à sortir de voiture. Je rattrape Ren et lui donne son morceau. Il le mâche avec force grimaces.

— C'est franchement dégueu, ton truc.

À mon tour. Effectivement, ce goût de bouse séchée est immonde. En plus, la texture est granuleuse, on dirait que Georgina a mis du gravier là-dedans… Mais presque instantanément je ressens une chaleur monter dans tout mon corps. Un bouillonnement vivifiant qui irradie de mon estomac et pénètre dans chaque muscle.

— Hé, je me sens en pleine forme ! exulte Ren.

— J'ai l'impression que je pourrais soulever un éléphant avec le petit doigt, pas vous ? s'amuse Jasmine.

Pareil pour moi. Je me dégourdis les jambes l'une après l'autre, on dirait qu'elles sont devenues élastiques, plus vigoureuses. Dynamisées.

— On devrait essayer de courir jusqu'à Pécunia, OK ?

C'est ce qu'on fait. Ce qui, en voiture, aurait pris quarante minutes se transforme en vingt minutes à peine de course à pied. Mes muscles sont une chaudière lancée à plein régime lorsque nous arrivons dans mon ancien quartier. La pâte verte concoctée par Georgina est complètement dingue. Une véritable pastille de superpuissance.

Mon euphorie retombe à mesure que nous approchons du domaine Demos. La belle porte en fer forgée est toujours debout, mais pend lamentablement, à peine retenue par ses gonds. Les arbres majestueux qui bordaient l'allée sont tous déracinés ou couchés. Je croyais fermement que la maison était à toute épreuve, compte tenu de sa magnificence et de ses matériaux. Mais je me trompais, ce que je vois est à pleurer.

Tout n'est que chaos, débris, gravats. Pas un seul mur ne tient encore debout. On dirait qu'un géant a pris un malin plaisir à tout réduire en bouillie. Alors que nous traversons ce qu'il reste du parc pour rejoindre le bungalow de Sophia, l'angoisse monte. Mon cœur tambourine comme un fou.

Elle a réussi à partir avec le reste de la famille.

Cette pensée tourne en boucle dans ma tête comme un carrousel.

J'ai tellement hâte d'arriver que je cours sans attendre mes amis. Mais soudain, j'entends des voix et je stoppe net. Elles viennent du jardinet. Une radio de police grésille dans la nuit.

Ren et Jasmine me rejoignent et nous nous glissons sous la haie pour mieux voir ce qui se passe de l'autre côté. Trois hommes portant des casquettes de policiers balaient la zone de leurs lampes torches, à la recherche de survivants.

Un faisceau lumineux se dirige vers un amas de pierres et de bois, autrefois le bungalow de ma tante. La lumière se fige, tout comme mon cœur.

— J'ai trouvé quelqu'un, crie le policier. Un seul corps.

CHAPITRE 15

MELANY

Si mes amis ne m'avaient pas empoignée chacun par un bras, j'aurais bondi au-devant du policier. Un irrépressible gémissement jaillit de ma gorge.

— Noooon !

Trois lampes de poche se dirigent aussitôt dans notre direction.

— Qui va là ?

Mes jambes refusent de bouger. À moitié en me tirant et en me portant, Jasmine et Ren m'entraînent. Les sifflets retentissent dans la nuit.

— Montrez-vous immédiatement ! crient les policiers.

La peur d'être arrêtée envoie un regain d'énergie dans mes cellules, mes jambes obéissent à nouveau. Nous sprintons vers la sortie du domaine puis la route. Dans ma hâte, je ne vois pas une grosse pierre, vestige de l'une des statues qui bordaient l'allée principale, et je tombe durement sur le genou. Je remarque alors une sorte de ver luisant sur le sol… Non, c'est une corde dorée. Je la fourre dans ma poche et me relève.

La boule de Georgina continue de faire effet, mes muscles énergisés décuplent ma vitesse. Idem pour Jasmine et Ren, qui caracolent comme des poulains débridés. Il nous faut peu de temps pour distancer les trois policiers, qu'on entend souffler comme des baleines derrière nous. Ils ne pourront jamais nous rattraper.

Après vingt minutes de course effrénée, nous décidons de faire une pause près du centre commercial, celui du reportage vidéo.

— Ça va aller, Mel ? s'enquiert Jasmine.

Que répondre ? Non, je ne vais pas bien, mais ils comptent tous les deux sur moi pour retourner à l'Academy. Alors je m'interdis de penser à ce que nous avons découvert. Quand je serai seule, je m'effondrerai, je le sais.

— Oui.

— Vous croyez qu'ils vont nous suivre ? demande Ren, les yeux rivés sur la route.

La réponse ne tarde pas : deux véhicules blindés surmontés d'un énorme projecteur déboulent à l'angle. Nous plongeons derrière un mur encore debout.

— Merde. Ils bloquent la route de La Nouvelle-Athènes, se lamente Ren.

— On peut essayer Cala, par la route de Pécunia. C'est plus proche et il y a le portail, je suggère.

— Ils l'auraient laissé ouvert ? s'étonne Jasmine.

— Pourquoi pas ? De toute façon, il faut bien trouver un moyen de rentrer.

— S'il est fermé, je pourrai tenter de créer une ouverture. J'ai appris des trucs avec Poséidon, propose Ren.

On convient ensemble que c'est la meilleure solution (la seule, même) étant donné que nous manquons de temps. Ce que je ne dis pas aux deux autres, c'est qu'il n'y a quasiment aucune chance de réussir à rentrer à l'Academy sans nous faire repérer par ce chemin.

Les deux véhicules avancent lentement, nous ne bougeons pas d'un cheveu. Puis ils s'éloignent, ce qui nous permet de reprendre notre course contre la montre. Une fois sur l'autoroute déserte, nous reprenons une allure de croisière, propulsés par la super-puissance de la pâte magique. Ma colocataire deviendrait richissime si elle décidait de commercialiser sa potion miracle ; en plus, elle est bio et naturelle !

Nous atteignons Cala alors que les premiers rayons du soleil teintent l'horizon de rose et d'orangé. Le jour se lève, il ne nous reste plus beaucoup de temps. En arrivant sur la jetée, je suis surprise de constater que la ville a été épargnée par le tremblement de terre. Les bâtiments sont intacts, les lampadaires fonctionnent et les lumières s'allument peu à peu dans les maisons. Cala n'étant qu'à une cinquantaine de kilomètres de Pécunia et de La Nouvelle-Athènes, on aurait pu s'attendre à quelques dégâts.

Le quai est étrangement calme, même le clapotis des vagues semble encore endormi. Je vais jusqu'au bout de la jetée pour observer l'eau… Ce calme plat ne me paraît pas normal.

— Prêtes ? nous demande Ren.

— Toujours ! répond Jasmine.

— Pas trop le choix, je grommelle.

Ren plonge le premier, Jasmine et moi suivons. L'eau est aussi froide que dans mon souvenir de la première nuit ; plus froide, même, car nous sommes fin novembre. Cette fois-ci, il n'y a aucune balise au loin pour nous guider, nous nageons à l'aveugle. J'espère que Ren sait où il va ; moi, je suis paumée, j'ai un sens de l'orientation nullissime. Je pourrais nager en cercle sans même m'en rendre compte.

Ren s'arrête, met la tête dans l'eau puis commence à descendre. Jasmine et moi plongeons à sa suite. OK, nous sommes au niveau du portail, qui est fermé. Logique. Ren doit donc en créer un. Je vois Jasmine qui commence à paniquer, j'essaie de la calmer.

Pendant ce temps, Ren agite les mains comme s'il dirigeait une symphonie sous-marine. Une lueur d'un bleu laiteux se forme peu à peu devant lui. Chouette, ça marche ! Ren s'active comme un diable, la mer lui obéit, un petit tourbillon se lève… puis retombe. La déception se lit sur le visage de mon ami.

Il la chasse bien vite et fait une nouvelle tentative avec des mouvements plus nets, plus précis. Mais voilà que Jasmine tire sur ma main. Elle se débat dans l'eau, à court d'oxygène. Vite, je pose ma bouche sur la sienne et lui insuffle de l'air. C'est bon, elle me fait signe que tout va bien. Je voudrais demander à Ren de se dépêcher parce que mes poumons brûlent, mais je n'ose pas troubler sa concentration.

La lumière bleutée revient, grandit, découvrant un tourbillon étroit. Ren sourit… puis fronce les sourcils. Il ouvre grand les yeux en regardant autour de lui. Ses mains ont cessé de bouger. Qu'est-ce qui se passe encore ?

Le tourbillon s'ouvre soudain comme un trou noir et nous avale tous les trois. Nous sommes violemment aspirés, poussés, centrifugés par la force. Ce typhon me paraît trop puissant pour être l'œuvre de Ren.

Après de longues minutes de ce catapultage, nous sommes éjectés sans ménagement hors de l'eau. J'atterris la première sur la roche de la grotte et me cogne la tête. J'ai l'impression de voir trente-six chandelles danser devant mes yeux. Je garde la vue floue durant quelques secondes, puis tout redevient net… C'est alors que je distingue des visages en colère penchés sur moi. L'un d'eux est celui de Zeus. Aïe, ça va barder !

— Conduisez-les à l'auditorium ! Sonnez le rassemblement pour un tribunal.

Arès m'attrape par le col pour m'obliger à me relever plus vite. Il houspille Jasmine et Ren de la même manière. Super agréable, le comité d'accueil. Nous voilà entraînés vers l'école comme des criminels. Je m'étonne presque qu'on ne nous enchaîne pas les poignets et chevilles. Jasmine tremble si fort qu'elle claque des dents. À peine ai-je tendu la main pour la soutenir qu'Arès me bouscule pour m'écarter d'elle. Décidément, il est très heureux de jouer les geôliers.

Pas de grandes portes majestueuses pour entrer à l'Academy, cette fois-ci, mais un portillon dérobé. Puis une succession de couloirs inconnus nous amène à l'auditorium logé sous son dôme, avec des sièges tout autour. Cela rappelle les anciens colisées, où les gladiateurs se battaient jusqu'à la mort pour l'amusement du public.

Arès nous amène jusqu'à la scène centrale, où nous avons ordre de rester debout.

— J'ai peur, chuchote Jasmine.

— T'inquiète pas, ça va aller, je murmure en l'étreignant.

— Comment peux-tu en être si sûre ?

— Je refuse d'accepter que ce soit la fin.

— Je ne veux pas être expulsé, articule Ren, le regard fixe et les poings serrés.

— Moi non plus, mais nous savions que c'était un risque à courir.

Jasmine est au bord des larmes.

— Comment ont-ils su ? Tu crois que Lucian leur a dit ?

— Non, c'est impossible.

— Il était le seul à savoir, Mel, déclare Ren, la mine sombre.

Un gong retentit, une brochette de dieux apparaissent et viennent s'aligner tout autour de la plateforme sur laquelle nous sommes. Puis les aspirants, toutes années confondues, affluent et s'installent dans les gradins.

Je cherche Georgina et finis par la trouver au deuxième rang. Elle m'adresse un petit sourire malheureux. Je lis dans ses yeux qu'elle s'en veut de m'avoir laissée entreprendre cette tragique excursion. J'essaie de lui dire que ce n'est pas sa faute, que je serais partie parce que je suis têtue… Elle doit l'avoir compris, maintenant.

Mon regard tombe ensuite sur Lucian, qui est assis deux rangs au-dessus de Georgina. Son visage est un masque de tristesse et de profonde frustration qui me brise le cœur. Quelqu'un nous a dénoncés, et ce n'est pas Lucian, j'en suis sûre et certaine. Zeus s'avance maintenant au centre de l'auditorium.

— Aspirants Melany, Ren, Jasmine, vous êtes tous les trois accusés d'abandon de poste. La punition encourue est l'effacement de la mémoire suivie de votre expulsion de l'Academy.

Un murmure collectif monte dans l'assistance. Je repère un visage réjoui : Revana, qui ne peut s'empêcher de sourire. Voilà ce qu'il me fallait comme coup de pied aux fesses.

— Je demande la parole pour notre défense, dis-je en avançant d'un pas.

— Ce n'est pas un procès, mais soit, répond Zeus.

— Tout est entièrement ma faute. Jasmine et Ren se sont laissé convaincre après que je leur ai parlé des tremblements de terre dans leurs villes natales. Sans moi, ils ne l'auraient jamais fait.

Jasmine bondit aussitôt.

— Ce n'est pas vrai !

— Melany ne nous a jamais forcés, ajoute Ren.

— Je suis la seule qui mérite d'être expulsée, pas eux. Ne perdez pas deux excellents soldats. Moi, je pose problème. N'importe quel professeur vous le confirmera.

Arès hoche la tête sans se faire prier, de même qu'Aphrodite.

— Non ! s'exclame Jasmine en me donnant un coup d'épaule. Melany est la meilleure d'entre nous. Elle peut…

Zeus lève la main pour nous faire taire.

— J'apprécie l'ardeur avec laquelle vous défendez vos amis. Je leur accorde une seconde chance.

Ren jubile déjà, je retiens Jasmine pour l'empêcher d'intervenir à nouveau.

— Tais-toi. C'est bon.

— Non, Mel, rien ne va ici.

Sur un signe de Zeus, Arès s'approche de Jasmine, l'attrape par le bras puis ordonne à Ren de le suivre. Mon amie se dégage vivement pour se précipiter vers moi.

— Je ne t'oublierai jamais. Jamais !

Je déglutis, retenant mes larmes. Je pleurerai quand je serai seule, ce qui ne tardera pas. Je suis capable de supporter l'expulsion et l'exil, mais ne pas me souvenir de mes amis ou de Lucian est un poignard en plein cœur. Je trouve ça cruel et inhumain, je ferais n'importe quoi pour l'éviter. Quitte à subir toute autre punition.

Arès escorte Jasmine et Ren hors de la plateforme. Ils sont bel et bien épargnés, j'ai au moins gagné une manche. Je les vois s'installer à côté de Georgina, qui leur tend la main en signe de solidarité. Ils vont en avoir besoin, mais je suis fière d'eux. J'espère qu'ils resteront soudés quoi qu'il arrive. Ils forment une super équipe.

Arès revient dans le cercle des dieux. Zeus lève alors les mains, prêt à prononcer ma sentence. Mais j'ai encore un truc à dire.

— Ce ne sont pas des tremblements de terre qui ont détruit Pécunia et La Nouvelle-Athènes.

Quelques dieux échangent des regards. Du brouhaha s'élève de la foule des aspirants.

— J'ai vu comment le sol s'était fissuré : il a été soulevé par quelque chose qui est sorti de terre. Les dégâts sont concentrés sur deux villes, les alentours sont épargnés. Ça ne ressemble pas à un tremblement de terre !

Je débite mes phrases à toute allure, persuadée que Zeus va m'ordonner de me taire, mais, au contraire, il a l'air intéressé. Alors je continue d'exposer ma théorie en sortant la corde dorée de ma poche.

— J'ai trouvé ceci devant la maison où j'habitais.

Je tiens la cordelette bien haut au-dessus de ma tête pour que tout le monde puisse voir. Les murmures reprennent de plus belle.

— Cette corde n'a rien d'ordinaire, elle est enchantée… Magique ! Un objet que seuls les dieux auraient en leur possession.

Ma déclaration provoque une agitation générale et la réaction d'Aphrodite.

— Elle ment ! Cette aspirante dirait n'importe quoi pour échapper à sa punition.

— Parfaitement ! beugle Arès. Pourquoi écouter de pareilles sornettes ? Elle a enfreint les règles, discuter est sans intérêt.

Héra, Apollon et Athéna hochent la tête en chœur. En revanche, Déméter, Héphaïstos et Dionysos demeurent mutiques, ce que j'apprécie. Les autres dieux se morfondent : cette séance leur inspire un profond ennui, comme s'ils avaient un million d'autres choses à faire aujourd'hui en plus de détruire ma vie et de m'envoyer en exil.

Zeus me prend la cordelette des mains et l'observe, sourcils froncés.

— Tu l'as trouvée dans la zone sismique ?

— Je vous le jure.

— Cela ne change rien, Zeus ! s'emporte Aphrodite.

— C'est moi qui en décide, lui répond-il avec un air supérieur.

La déesse retourne à sa place avec une moue.

— Melany Richmond, tu t'es révélée une aspirante ingénieuse, résiliente et intrépide. Trois qualités que j'admire, surtout chez un soldat. Je t'accorde une seconde chance à l'Academy.

Des applaudissements et des acclamations de joie explosent dans les gradins.

— Zeus ! Tu n'es pas sérieux ? s'énerve Arès.

Malgré cette opposition partielle, je suis soulagée. J'ai réussi à convaincre le tout-puissant Zeus. Mes amis m'adressent des coucous et des gestes de félicitations qui me réconfortent.

Mais voilà que Zeus lève la main pour ramener le silence.

— Une condition à ma clémence ! lance-t-il pour régaler son auditoire. Accepte un éclair de ma foudre ou sois jetée en exil.

Déméter bondit.

— Non, Zeus ! Tu vas la tuer !

Mon sang se glace dans mes veines, j'ai l'impression de tomber dans les pommes. Lucian trépigne dans le gradin pour attirer mon attention.

— Ne fais pas ça, Blue ! hurle-t-il.

— Non, Mel ! crie Jasmine.

— Ne joue pas avec ta vie ! s'indigne Georgina.

Je regarde mes amies, Lucian. Je refuse de les oublier, cette perspective me retourne l'estomac. Que serais-je sans mes souvenirs ? Sans mon passé ? Vide et seule pour le restant de ma vie. Une vie pas digne d'être vécue, c'est sûr et certain.

Alors je ravale ma peur, relève la tête et regarde Zeus droit dans les yeux.

— J'accepte le défi.

CHAPITRE 16
LUCIAN

Je ne peux pas rester sans bouger. C'est une mise à mort. Les dés sont pipés. Je me précipite vers l'arène sans trop savoir ce que je pourrai faire mais je dois tenter le coup.

Ce que je n'avais pas prévu, c'est qu'Héraclès me barre la route.

— Non, Lucian. Tu ne peux pas défier Zeus.

— La foudre va la tuer. Elle n'est pas encore prête à la contrôler.

— Elle est forte. Plus forte que tu le penses.

Zeus lève déjà les bras au ciel pour conjurer la foudre.

— Silence, gronde-t-il.

On entend voler une mouche.

— Soyez tous les témoins de la bravoure de cette aspirante qui se soumet au procès de l'éclair.

Melany s'avance au milieu de l'arène. À la fois courageuse mais si seule, prête à affronter l'épreuve la plus dangereuse et la plus difficile de la formation à l'Academy. Je voudrais courir à elle, la serrer dans mes bras et lui avouer ce que je ressens pour elle avant qu'il soit trop tard.

— Selon la règle, Melany Richmond devra tenir l'éclair, mon arme la plus redoutable, fabriquée pour moi par le grand cyclope Argès.

Zeus frappe dans ses mains, ce qui provoque un roulement de tonnerre se répercutant dans le stade. Le sol tremble sous le choc. Tout le monde sursaute. Puis le dieu écarte lentement les paumes. L'air scintille et crépite, donnant naissance à un sillon blanc d'un mètre de long. D'où je me tiens, je sens la puissance de ce zigzag éclatant d'énergie. La chair de poule hérisse mes poils, j'ai un goût de phosphore sur la langue.

Zeus s'avance alors vers Melany, dont le visage pâlit un peu plus à chacun de ses pas.

— Elle devra le tenir pendant deux minutes au moins, poursuit Zeus. Au cours des cent dernières années, seules dix recrues ont réussi cette épreuve. Ils ont connu la gloire et rejoint mon clan.

Zeus plante alors l'éclair aux pieds de Melany.

— Tu peux commencer, lui dit-il avec un sourire en coin.

Un silence tendu s'abat sur l'arène. Je suis au supplice, mais préfère rester à côté d'Héraclès, pas loin de Melany. J'enfonce mes ongles dans mes paumes pour me calmer. Tous mes nerfs sont en pelote, la nausée monte en voyant Melany s'avancer vers l'éclair.

Elle lève les yeux vers le ciel, remue les lèvres. Une prière ? C'est inutile, les dieux ici présents sont indifférents à ce qui se passe. Aucun ne lèvera le petit doigt pour la secourir.

Melany tend les deux mains puis ramasse l'éclair. Son visage se tord de douleur alors que l'électricité la traverse. Des cris retentissent dans le public. Georgina et Jasmine se serrent l'une contre l'autre, les yeux écarquillés d'horreur en regardant leur amie être torturée.

Les secondes s'égrènent, Melany résiste, même si son corps tremble sous l'effort. Ses mains rougissent de brûlures. Je ne sais pas comment elle fait pour tenir. Melany a vraiment un mental d'acier. À en juger par l'attitude des dieux, ils ont du mal à le croire ; sauf Zeus, qui jubile.

L'intensité lumineuse augmente encore, des étincelles crépitent, je me demande si Zeus le fait exprès. Mais d'après l'expression de son visage, on dirait que ce n'était pas prévu. Il se dirige vers Melany. Va-t-il mettre un terme à ce petit jeu ?

Au moment où il va saisir l'éclair, des zigzags remontent dans les bras de Melany. Elle laisse échapper un cri à glacer les sangs, d'autres sillons blancs s'enroulent autour de son corps. Elle est rapidement ficelée dans une gangue crépitante.

Des aspirants s'insurgent :

— Arrêtez ça !

— Aidez-la !

— Elle va mourir !

Je tente de me soustraire à Héraclès, mais il resserre sa poigne. Melany est en train d'être dévorée par la foudre sous mes yeux. Dans les gradins, la tension est à son comble. Soudain, un tourbillon noir monte du sol et enveloppe Melany. Les volutes s'entrecroisent au courant électrique comme un matelas tissé.

Déméter réagit enfin et accourt.

— Arrête ça, Zeus. Tout de suite. Tu as prouvé ta puissance.

Héphaïstos et Dionysos lui apportent leur soutien. Zeus saisit une extrémité de l'éclair et l'arrache des mains de Melany… qui s'effondre au sol comme une marionnette privée de ficelles. Apollon vient s'accroupir près d'elle. Il vérifie son pouls, d'abord dans son cou, puis à son poignet.

— S'il vous plaît, Héraclès, j'ai besoin d'aller la voir.

Si Apollon prononce la mort de Melany, je fais un éclat. Quelqu'un paiera.

— Elle respire, dit le dieu.

— Melany a gagné ! hurle quelqu'un.

— Oui, elle a tenu plus de deux minutes !

On entend quelques applaudissements, mais surtout les commentaires abasourdis des uns et des autres. Comment qualifier ce qui vient de se passer ? Un procès transformé en châtiment corporel. En torture barbare, même.

Héraclès me donne une grande claque dans le dos, mais pas aussi forte qu'à son habitude.

— Tu vois ! Elle est forte, ta copine.

— Elle aurait pu mourir…

Son sourire s'estompe.

— C'était un message, murmure-t-il à mon oreille. Toi et tes potes, méfiez-vous.

Et il s'éloigne rapidement.

— Qu'on l'emmène à l'infirmerie, ordonne Zeus.

Chiron s'approche au milieu de la foule qui est descendue dans l'arène pour voir Melany. L'imposant centaure n'a pas trop de mal à se frayer un passage. Apollon soulève Melany avec délicatesse et la dépose sur le dos de Chiron. L'ambulancier repart aussitôt.

— Les cours sont annulés pour aujourd'hui, déclare Zeus. Retournez à vos dortoirs.

Comme d'habitude quand Apollon est là, c'est la bousculade générale. J'en profite pour rattraper Georgina, Jasmine et Ren qui traînent à l'arrière.

— Vous croyez qu'on peut aller la voir ? demande Georgina.

— Ça m'étonnerait, répond Jasmine, qui a l'air épuisée.

— J'en reviens pas… On aurait dit qu'ils voulaient la tuer, ajoute Ren en baissant la voix.

Ce qui me rappelle aussitôt l'avertissement d'Héraclès…

— À partir de maintenant, on doit être très prudents et ne faire confiance à personne. Surtout pas aux professeurs.

— À ton avis, qui nous a dénoncés ? réagit aussitôt Jasmine, comme si elle m'accusait.

— Je ne sais pas, mais je compte bien le découvrir.

Elle hoche la tête. J'espère qu'elle me croit, parce que si elle pense que je suis un traître, Melany le pensera aussi, et je ne le supporterai pas. Surtout après l'épreuve qu'elle vient de subir.

— Jasmine ! Jasmine !

Le cri vient de derrière. Jasmine se retourne juste au moment où Mia s'élance vers elle. Les deux filles se serrent très fort comme si elles ne s'étaient pas vues depuis des lustres.

— Jasmine ! J'ai eu si peur. Je pensais que tu ne…

— Je vais bien, Mia !

Notre petit groupe avance tranquillement dans le couloir en bavardant. En haut de l'escalier principal, adossé contre le mur, Dionysos semble attendre quelqu'un… Moi, semble-t-il.

— Hé, Lucian, mon pote. Toi et moi, on doit parler.

Ren me lance un regard inquiet, les filles affichent des mines étonnées.

— C'est bon, continuez sans moi. Je vous rattraperai plus tard, je les rassure.

— Allons dans mon bureau, dit Dionysos.

Je le suis dans le dédale. On prend un premier escalier, puis un long couloir, une bifurcation, trois marches, et Dionysos s'arrête enfin devant une porte en bois très ornée. Toutes les sculptures le représentent en train de danser, de chanter ou de se livrer à des activités… suggestives avec des nymphes. Quel décor évocateur.

Nous entrons.

Le bureau est sombre et débordant de bric-à-brac : il y a des chaises en velours, plusieurs tables sur lesquelles s'empilent des bocaux, des boîtes, des piles de livres et de parchemins. Sur les murs, des étagères où s'alignent bouteilles, fioles, flacons remplis de liquides multicolores, décoctions de plantes et autres mixtures qui dégagent une odeur abominable. Dionysos libère une chaise pour que je puisse m'asseoir, puis il s'installe derrière son bureau monumental en acajou. Toujours aussi nonchalant, le dieu se renverse dans son fauteuil et pose les pieds devant lui, ce qui provoque la chute d'une pile de papiers. Il attrape un narguilé, en aspire une bouffée, me le tend pour que j'en fasse autant, mais je décline.

— Quel spectacle, lance-t-il d'un ton mi-figue mi-raisin.

— Je n'ai parlé de vous à personne, si c'est ce qui vous tracasse.

— C'est ce que je me demandais, oui ! répond-il en me pointant du doigt. Je détesterais être torturé comme ta copine… N'empêche, elle est forte. Zeus est bien emmerdé, maintenant…

— Quelqu'un a parlé.

— Et tu te demandes si c'est moi, c'est ça ?

Il retire ses pieds du bureau pour se pencher vers moi.

— Je peux t'assurer que c'est la dernière chose que je ferais, mon pote. Vous, les aspirants, et nous, les dieux, sommes gouvernés par la même poigne de fer. Zeus aime son pouvoir, il l'exerce comme il l'entend et sur qui ça lui chante.

Je m'effondre sur ma chaise. Tout m'accable, à commencer par ce que Melany a subi. Je ne parviens pas à chasser l'image de sa souffrance. Son cri résonne encore dans ma tête, il hantera mes nuits pendant longtemps.

— Je suis désolé pour ce qui est arrivé à ta petite amie. C'était terrible à regarder. Mais elle guérira. Chiron est un médecin fantastique. Et avec mes potions, elle sera remise en un rien de temps.

— Je veux la voir.

— Je ne peux pas t'aider, petit.

— Par où on entre à l'infirmerie ?

— J'ai du boulot. Salut.

Il me montre la porte.

— Je ne partirai pas tant que vous ne m'aurez pas dit comment voir Melany.

— Tu veux ma mort, fiston ?

— Vous êtes immortel.

— C'est une façon de parler ! (Il tend le bras vers une étagère derrière son bureau et attrape une fiole argentée.) Donne ça à Chiron. Cela t'octroiera quelques minutes avec elle.

Je pars en courant avec la potion dans la poche. Je fais d'abord un détour par la cuisine, où je chaparde un gâteau au chocolat. Voilà, il est emballé et à l'abri dans ma veste, maintenant je peux me présenter à Melany !

Je suis obligé de patienter à proximité de l'infirmerie car c'est l'effervescence : Zeus, Héphaïstos, Déméter, Arès et Aphrodite entrent et sortent en se chamaillant et en s'invectivant avec force gestes. Une fois le couloir déserté, je me dirige rapidement vers la porte. Alors que je suis sur le point de me glisser à l'intérieur, je sens une présence derrière moi.

Argh, Chiron.

— Qu'est-ce que tu fiches ici ? Tous les aspirants sont censés être au dortoir. Je te donne deux minutes avant de…

— Dionysos vous adresse ses salutations, dis-je en brandissant la fiole.

Les yeux du centaure se rétrécissent pour n'être plus que des fentes, me fixent, puis la fiole. Quand j'ai l'impression que c'est foutu, il m'arrache la fiole de la main, l'ouvre, puis la renifle.

— Dix minutes.

Gagné. J'entre dans l'infirmerie, qui est plongée dans la pénombre ; seules deux appliques murales diffusent un halo lumineux. De part et d'autre, une dizaine de lits, tous vacants sauf un.

J'aperçois les cheveux bleus de Melany étalés sur l'oreiller blanc. Elle repose sur le dos, les yeux fermés, comme la Belle au Bois Dormant.

Je remarque la pâleur cendrée de sa peau et ses joues creusées, ma gorge se serre. Quand je m'assieds sur le bord du lit, elle ouvre les yeux.

— Hello, Blue.

— Salut.

Sa voix est rauque, l'effort la fait grimacer. J'attrape le verre d'eau posé non loin et l'aide à en boire une gorgée. Le drap qui la couvre glisse, dégageant son cou et le haut de ses épaules… Horreur, un réseau de lignes rouges ramifie sa peau comme une toile d'araignée. Un frisson me glace l'échine. Melany est méchamment touchée, je déglutis péniblement.

— Blue, je…

Je n'ai pas les mots.

Elle lève le bras pour me montrer les cicatrices qui remontent de son poignet jusqu'à l'épaule.

— Ils ont dit que ça ne partira jamais. (Sa voix se brise, elle se lèche les lèvres pour les humecter.) Je vais finir par ressembler aux monstres des dieux.

J'enroule une mèche de ses cheveux autour de mon doigt et joue avec ce tirebouchon. Elle sourit.

— Tu n'es pas un monstre, Blue. Tu es toujours aussi belle. Je suis tellement désolé que tu aies dû traverser ça.

— Ouais, plutôt galère comme journée.

Le frottement du drap sur sa peau lui arrache une nouvelle grimace. Elle se cale sur l'oreiller.

— Tu sais ce qui est arrivé à ta tante ?

Quelques larmes dévalent sur ses joues.

— Elle n'a pas réussi à s'en sortir.

— Je suis vraiment désolé pour toi, Blue.

Je caresse doucement sa joue et essuie ses larmes. Si seulement je pouvais apaiser sa douleur…

Je sors le gâteau de ma poche et le déballe pour elle. Il est un peu écrasé.

— Tiens, il est au chocolat. Ce n'est pas grand-chose, mais j'ai pensé que tu aimerais.

— Merci. Je crève la dalle !

Elle croque une grosse bouchée, du glaçage se colle sur sa joue. Je l'essuie en m'attardant un peu plus longtemps que la bienséance le dicterait. Je lèche mon pouce, alors que je voudrais embrasser ses lèvres longuement.

Nos regards se croisent, le temps suspend son vol. Je me penche vers elle, je suis sur le point de poser mes lèvres sur les siennes quand on entend une toux.

— Il est l'heure de partir, Roméo.

Surpris, je me lève d'un bond, tirant sur le drap par accident. Le visage de Melany se crispe de douleur.

— Pardon ! Je ne voulais pas te faire mal !

— T'inquiète, ça va aller.

— On se voit plus tard, d'accord ?

Melany me retient par la main.

— Merci, Lucian. Pour le cupcake… et pour m'avoir aidée à sortir de l'Academy.

— De rien. Guéris vite. L'entraînement ne sera pas aussi fun sans toi.

Quand je quitte l'infirmerie, mon humeur oscille entre joie et désespoir. Ce que je ressens pour Melany est si embrouillé que je suis perdu. Ce que je sais avec certitude, c'est qu'elle me plaît énormément… Et cela m'effraie bien plus que de faire face à l'une des épreuves des dieux.

CHAPITRE 17
MELANY

Je reste quatorze jours à l'infirmerie avant que Chiron décrète que je suis suffisamment en forme pour reprendre l'entraînement. Quatorze jours d'ennui extrême, ponctués de quelques visites, et de nourriture peu ragoûtante. C'est seulement grâce à l'inventivité de mes amis que mon ordinaire est parfois amélioré avec des gâteaux passés en douce.

Les trois premiers jours, j'ai été clouée au lit, incapable de bouger, le moindre geste me faisant souffrir. Chiron me donnait des calmants et tentait d'accélérer la cicatrisation du réseau de brûlures qui court sur la majeure partie de mon corps à cause de la foudre. À partir du quatrième jour, j'ai pu me tenir assise, parler, manger et recevoir des visiteurs.

La première fois que Jasmine m'a vue dans cet état, elle a fondu en larmes. Georgina a fait preuve de plus de retenue, mais pas de beaucoup. Ren a dit que j'avais l'air d'un caïd. Et Lucian a répété à quel point j'étais belle.

J'ai aussi reçu la visite de Déméter, qui m'a apporté des livres. Héphaïstos est passé en coup de vent, il a grogné en inspectant mes mains pour vérifier que je pourrais encore travailler avec le feu.

Pendant les temps morts, je dormais parce que j'étais au-delà de l'épuisement. Très souvent, dès que je fermais les yeux, les images du tas de décombres qu'est devenu notre bungalow revenaient me hanter. J'entendais la voix du policier disant qu'il avait trouvé un corps... C'était dur de dormir. Rester inactive m'a aussi donné trop de temps pour réfléchir. Trop de temps pour pleurer. Quand j'ai quitté l'infirmerie, j'étais complètement vidée de mes larmes.

Mon premier cours de reprise est éléments. Tous les regards se braquent sur moi et mes nouvelles cicatrices quand j'entre dans la salle. Les chuchotements durent un moment, mais, à ma grande surprise, j'ai droit à des tope-là de personnes auxquelles je ne m'attendais pas du tout. Comme Diego, qui s'approche de moi, penaud, pour mon plus grand plaisir.

— Salut, Melany. Putain, ce que t'as fait avec cet éclair, c'était du grand art ! Bravo.

— Merci, Diego.

Et pour la première fois, il me serre la main. Quel revirement.

Quand j'aperçois Lucian qui revient avec son groupe de la piscine de Poséidon, je me demande s'il n'a pas eu une petite conversation avec son ami. Quand Lucian m'adresse un clin d'œil complice, mon cœur bat un peu plus fort.

— Ce n'est pas l'heure des roucoulades, fillette, lance une voix que je connais trop bien.

Héphaïstos est juste derrière moi et me pique les fesses avec un tisonnier.

— Tu es en retard à mon cours. C'est ton tour de boule de feu.

— Hé ! Je sors juste de l'infirm…

— Dépêche-toi. Je ne veux pas entendre d'excuse.

Je le suis jusqu'au foyer, où les flammes dansent haut et fort. Je lève les mains… puis hésite à les tendre au-dessus du feu. Elles me font encore mal. Chiron m'a donné un baume mais cela n'empêche pas les élancements aigus que je ressens parfois.

Héphaïstos s'impatiente. OK. Je prends une profonde inspiration, ouvre les paumes et les tends vers le foyer. Les flammes se tordent soudain comme si elles me saluaient en chantonnant : « Bonjour Melany, te revoici parmi nous. » Je souris. Cela me redonne confiance. Je les attire, les flatte jusqu'à ce que les flammèches, obéissantes, s'enroulent autour de mes doigts.

Jasmine et Georgina n'en reviennent pas que j'aie gardé le coup de main ! C'est vrai que je déplace, caresse, donne aux flammes la forme qui me chante. Je m'amuse un moment, puis forme une sphère grosse comme un ballon de basket. Fière de moi, je jette un coup d'œil à Héphaïstos. Je surprends une ébauche de sourire avant qu'il se détourne, feignant d'être accaparé par un autre aspirant. Quel coriace, celui-là.

Satisfaite de ma réalisation, je fais rebondir la boule de feu dans mes mains, avec l'envie de marquer un panier, de la lancer sur quelque chose. Ou quelqu'un. La cible toute désignée m'observe depuis l'autre bout de l'atelier : Revana. Cette fille ne sera pas heureuse tant que je n'aurai pas été expulsée ou mise à mort. La torture que j'ai subie n'est-elle pas suffisante à ses yeux ? Apparemment non, car elle me mate d'un regard furibond, comme si je lui avais volé… Lucian apparaît dans mon champ de vision. OK, j'ai pigé : madame est jalouse.

C'est dingue, je ne le lui ai pas volé ; en plus, Lucian est une personne, pas un objet, et ce n'était pas son mec. Je le sais, j'ai posé la question à ce dernier lors d'une de ses visites secrètes à l'infirmerie. Je voulais comprendre pourquoi il traînait avec elle. Il m'a expliqué l'histoire de leurs deux familles, que Revana faisait partie de son paysage depuis toujours et qu'il ne connaissait pas d'autres filles. Maintenant, il en connaît une autre ! J'ai rigolé comme une imbécile heureuse… et amoureuse.

Quand nous changeons d'élément, le groupe de Lucian croise le mien. Lucian m'attrape par la main et m'entraîne à l'écart.

— Je voulais t'en parler, j'aurais dû le faire plus tôt, mais tu étais fatiguée et…

— Quoi ?

— Dans l'arène, quand tu tenais l'éclair, j'ai vu… je pense avoir vu une ombre te protéger de la foudre. Ériger une sorte de rempart autour de toi.

Je fronce les sourcils.

— Érèbe ?

— Je ne sais pas. Je te dis juste ce que j'ai vu.

Il me caresse rapidement le bras puis rejoint son groupe, et moi le mien, juste au moment où Érèbe se matérialise devant nous. Aujourd'hui, il porte un haut-de-forme et tient une canne à crosse argentée pour compléter son look gothique.

— Bienvenue parmi nous, chère Melany la revenante, me salue-t-il avec une courbette.

Il m'énerve, avec son air arrogant. Je n'arrive jamais à savoir s'il est sincère ou condescendant.

— Aujourd'hui, vous allez vous exercer à manipuler les ombres, non seulement pour les contrôler, mais aussi pour vous camoufler à l'intérieur. Démonstration.

Érèbe tend le bras droit. Après quelques secondes, des volutes de ténèbres s'enroulent autour de ses doigts, de sa main, puis la fumée noire s'élève en boucle dans l'air. Il me pointe, et voilà que la boucle tournicote autour de mon poignet. Quand Érèbe fait un mouvement brusque vers lui, une force me tire en avant, comme un lasso.

Je trébuche, ce qui déclenche l'hilarité générale.

Érèbe referme les doigts, la corde d'ombre disparaît, me libérant.

— Entraînez-vous en binôme. À tour de rôle, formez la corde et essayez d'attraper votre partenaire… Comme vous êtes en nombre impair, tu feras équipe avec moi, Melany.

Merde alors. Je dissimule mon mécontentement, tout en lançant un regard contrarié à Jasmine et Georgina.

Elles sont inquiètes pour moi. Je les rassure d'un haussement d'épaules. De toute façon, je n'ai pas le choix.

Érèbe a son sourire flippant. Je commence l'entraînement en levant la main pour déplacer les ténèbres, qui tourbillonnent autour de nous. En quelques secondes, je parviens à manipuler l'obscurité, puis à former un cercle.

— Pas mal, reconnaît Érèbe. Tu es plutôt à l'aise avec les ombres.

Le lancer est une tout autre affaire. À chaque tentative, la corde de fumée se dissipe et je dois recommencer à zéro. Érèbe m'observe de son œil d'aigle. Mon cinquième essai est le bon : je parviens à dérouler la couverture de ténèbres jusqu'à Érèbe et à le tirer vers moi.

Nous sommes alors entièrement plongés dans l'obscurité. Je l'entends taper avec sa canne sur le sol. Je devine qu'il sourit. Soudain, il me saisit brutalement par le bras.

— Qui t'a sauvée ? gronde-t-il.

— Hein ? Je ne sais pas de quoi vous parlez.

— J'ai vu les ombres t'envelopper pendant l'épreuve de Zeus. Sans elles, tu serais morte.

J'essaie de me dégager, mais sa poigne est solide. Ses doigts s'enfoncent dans ma chair.

— Lâchez-moi ! Je vous le répète, je ne sais pas de quoi vous parlez.

Ce n'est pas tout à fait vrai. Lucian a mentionné la même chose, mais il pensait qu'Érèbe était mon sauveur, ce qui n'est visiblement pas le cas.

Sa main se resserre encore, il me fait mal.

— Tu es protégée, c'est évident. Mais écoute bien, Melany Richmond : ce genre de protection a un coût.

Avec une grande ruade, je parviens à le repousser. Les ombres se dissipent aussitôt, nous redevenons visibles. Troublée, je regarde les autres autour de moi, mais ils sont concentrés sur l'exercice. Ils n'ont même pas dû se rendre compte que nous avions disparu.

À la fin du cours, je décide de ne pas en parler à Jasmine et Georgina ; en revanche, j'ai hâte de retrouver Lucian. Cela ne va plus tarder, nous avons une leçon spéciale sur l'art de voler et de se transformer.

La promo entière est réunie sur le grand terrain à l'extérieur de l'Academy, où Hermès fait une arrivée remarquée avec ses grandes ailes dorées. Nous sommes béats de le voir atterrir avec tant de grâce.

Il replie soigneusement ses ailes, avant de se diriger vers nous.

— Bienvenue dans le cours d'envol.

De tous les dieux, Hermès est le plus affable et le plus souriant. Bien qu'il semble à peine plus âgé que nous, je le vois toujours habillé de la même façon : en chemise, nœud papillon et chino. Ses boucles brunes ne sont jamais coiffées, il les repousse derrière ses oreilles toutes les trois secondes, comme un tic.

— Avec moi, vous allez apprendre à voler. Cela peut vous paraître un exploit impossible, mais vous verrez, chacun d'entre vous y parviendra. Parce que vous n'avez pas été choisis au hasard : le sang des dieux coule dans vos veines. Grâce à ça, vous allez voler.

Héraclès nous rejoint, l'arrivée du colosse me rend nerveuse. Je me concentre à nouveau sur Hermès.

— Voler, c'est très facile, un vrai jeu d'enfant ! s'enthousiasme le jeune dieu.

Il s'approche de Diego, déploie ses ailes, puis l'emporte dans les airs. Diego est tellement surpris qu'il tire une tête hilarante. J'aurais ri si Hermès ne continuait pas de monter comme une fusée. Je suis obligée de me tordre le cou pour suivre leur ascension. La nervosité des aspirants est palpable, les bavardages redoublent. Hermès plane maintenant très haut dans le ciel, il n'est plus qu'un point, mais sa voix nous parvient très clairement.

— Écoutez-moi bien, aspirants : le vertige déclenche la peur de tomber, la peur dissimule l'aptitude et la volonté de voler. Il faut donc stimuler cette volonté.

Hermès lâche Diego sans prévenir. Horreur. Il tombe comme une pierre. Ses hurlements résonnent sur tout le terrain et me tétanisent. Juste avant de percuter le sol, Héraclès tend les bras et rattrape Diego sans effort. Sonné, le pauvre vomit ses tripes.

Pendant ce temps-là, Hermès atterrit avec la légèreté et la grâce d'une plume pour la deuxième fois.

— Qui veut essayer ? demande-t-il.

Chacun regarde son voisin ou ses pieds.

Un bras se lève.

— Je suis volontaire, dit Lucian.

— Excellent.

En moins de deux secondes, Hermès emporte Lucian dans les airs. Mon cœur bondit en les voyant monter aussi haut. Puis le dieu lâche Lucian. Je ne sais plus si je dois regarder ou fermer les yeux… Mais avant que Lucian touche terre, des ailes pourpres sortent de ses omoplates. Voilà qu'il plane, suspendu au-dessus de nous, comme un dieu magnifique et doré qui me laisse sans voix. Hermès plonge pour évoluer à côté de lui.

— Bravo, Lucian ! lance-t-il. Qui veut être le prochain ?

Plusieurs mains se lèvent.

Les volontaires se succèdent un par un dans les bras d'Hermès, puis redescendent avec des ailes. Quelques élèves ont besoin de plusieurs essais avant d'y parvenir, mais les paires d'ailes rouges fleurissent. Revana me surprend avec son allure de déesse.

Il n'y a plus que moi sur le tarmac. Je ne suis pas fan des hauteurs.

— Miss Richmond, c'est maintenant ou jamais, dit Hermès.

— Vas-y, Mel. C'est plus facile qu'il y paraît, m'encourage Jasmine.

J'adore Jasmine et son optimisme, mais, sur ce coup-là, je ne suis pas du tout d'accord avec elle.

Hermès ne me laisse pas le temps de dire ouf, il m'attrape les bras et me soulève dans les airs. J'ai une frousse bleue, je crois même que je vais lui vomir dessus. Mais je me retiens en concentrant mon regard sur lui et non sur le sol qui n'en finit pas de s'éloigner sous nos pieds. S'il me lâche, je meurs écrabouillée, c'est sûr et certain.

— Prête ?

— Non !

— Parfait. C'est l'instant idéal pour nous faire quelque chose de grandiose.

Et il me lâche.

Je tombe comme une pierre, les yeux fermés pour ne pas voir le sol venir à ma rencontre et le moment fatidique. J'essaie de penser à des ailes. Ce serait cool d'en avoir. Ce serait génial de voler. D'être aussi forte que le vent.

Le temps me paraît étrangement long, je croyais m'écraser à terre en quelques secondes… Mais non, on dirait que je n'y suis toujours pas. Puis j'entends des « Oh, mes dieux ! », « Pas possible », « Mel, t'es trop forte ».

Je rouvre lentement les yeux. Je ne suis pas à l'état de crêpe, mais suspendue dans les airs. Je sens le souffle du vent sur mes joues et dans mes cheveux. Les visages au sol sont tournés vers moi et me regardent. Je me demande bien pourquoi ils ont tous l'air abasourdi. J'ai donc réussi à pondre des ailes ?

Hermès me sort de ma torpeur en m'attrapant la main pour me tirer jusqu'au sol.

— Dépêche-toi de redescendre.

Surprise par le sérieux de sa voix, je bats des ailes pour me dépêcher. Il se précipite derrière moi et me touche le dos.

— Qu'est-ce qui se passe ? je demande à Lucian.

Son visage resplendit.

— Tes ailes, Blue. Regarde tes ailes !

Je me tords encore le cou pour regarder par-dessus mon épaule et découvre deux ailes noires, immenses, emplumées et plantées dans mon dos. Noires… pas rouges comme tout le monde.

— Euh, qu'est-ce qui a cloché ? je m'enquiers d'une voix tremblante.

— Melany, tu restes ici, me répond Hermès. Les autres, retournez à l'Academy.

Le dieu s'envole aussitôt. Je regarde mes amis d'un regard suppliant pour qu'ils restent avec moi, mais Héraclès les chasse. J'entends les commentaires de quelques aspirants qui traînent à l'arrière du groupe :

— Faut toujours qu'elle se fasse remarquer.

— Ça signifie quoi, des ailes noires ?

— Que c'est une brebis galeuse et qu'elle n'a pas sa place ici.

Qui d'autre que Revana pourrait être aussi méchant ? Personne, évidemment.

Hermès ne tarde pas à revenir avec Zeus et Aphrodite. Leurs paires d'ailes dorées reflètent les rayons du soleil en un spectacle féerique.

— Grotesque ! s'exclame Aphrodite, à peine posée.

Zeus vient tâter mes ailes et passer ses doigts dans les plumes noires. Une sensation étrange qui déclenche un tiraillement dans mon abdomen. Je ne me sens pas bien, j'ai la nausée. Il va me falloir du temps pour m'habituer à ces appendices, noirs qui plus est.

Zeus continue de tapoter et donner des coups avec des « Oh » et des « Ah », puis il déclare :

— Tu peux rentrer tes ailes, maintenant.

Je m'exécute. J'ai l'impression de ravaler deux bonbons trop gros pour mon gosier, la sensation est curieuse.

— Pourquoi elles sont noires ? C'est mauvais ? Je suis malade ?

— Pas du tout, tu es en pleine forme.

— Alors pourquoi ? J'ai fait un truc qu'il ne fallait pas ?

— Nous devons en discuter en conseil des dieux. Retourne au dortoir.

Je m'en vais en direction de l'école, mais, quand je suis suffisamment loin du terrain, je bifurque à gauche pour sortir du parc. Je n'ai pas envie de subir un flot de questions auxquelles je n'aurai pas de réponse. J'ai besoin d'être seule pour réfléchir… Il y a forcément une raison logique au fait que j'aie des ailes noires alors que tout le monde en a des rouges. C'est peut-être lié à la foudre qui m'a brûlé l'intérieur du corps ?

CHAPITRE 18

MELANY

Je marche sans but précis, mais finis par repérer le labyrinthe végétal. Personne ne pensera à me chercher là-dedans. Nous y étions allées ensemble avec Georgina et Jasmine, j'avais galéré pendant vingt minutes avant de parvenir à m'orienter ! Cela convient parfaitement à mon humeur.

Une fois à l'intérieur, j'entends de la musique qui provient du petit pavillon au centre du labyrinthe. De la musique classique. Je me laisse guider. Un homme en costume sombre est assis à l'intérieur et gratte une guitare. Il me regarde approcher en souriant.

— Bonjour, Melany.

— Euh… Bonjour.

Je ne l'ai jamais vu, ce dieu-là. Je m'en souviendrais, beau comme il est, pommettes saillantes, mâchoire carrée avec une barbe de trois jours, de grands yeux noirs sous des sourcils épais. Ses cheveux retombent négligemment sur son front, ce qui lui donne un charme fou.

— Comment s'est passée ta journée ? poursuit-il.

Monsieur a envie de tailler une bavette, du coup je m'installe sur le banc en face de lui.

— Bof. Un peu bizarre… Vous êtes qui exactement ?

Il cesse de jouer pour me regarder droit dans les yeux.

— Hadès. Tu as sûrement entendu parler de moi.

J'aurais préféré être capable de réprimer ma surprise, mais, non, mes yeux s'écarquillent. Une poussée d'adrénaline me parcourt le corps. Hadès, une légende. Le dieu des Enfers, qui jouit d'une sacrée réputation. Je suis surprise de le croiser ici : d'après les bruits de couloir, Hadès ne serait pas le bienvenu à l'Academy.

— Qu'est-ce que vous faites dans le labyrinthe ?

— Je joue de la guitare ! J'aime venir me détendre ici quand il n'y a personne.

Il plaque un accord. La note vibre entre nous et déclenche un frisson sur ma peau.

— Et toi, Melany ? Tu fuyais ?

— Non ! J'avais juste besoin d'un coin tranquille pour réfléchir.

— À propos de quoi ?

Il m'agace.

— Vous posez beaucoup de questions.

— Je suis un dieu curieux !

— OK, puisque vous voulez le savoir : j'ai pondu des ailes noires au cours d'Hermès. Noires, pas rouges !

Il éclate de rire.

— Je parie qu'Hermès en a perdu la tête !

— Un peu.

— Et qu'il s'est dépêché d'aller chercher ce croulant de Zeus, qui va maintenant réunir sa bande de macaques pour discuter de cet événement ô combien choquant.

— Euh… Oui !

— Typique. J'imagine qu'après t'avoir reluquée et tripotée avec des « Oh » et des « Ah », le vieux ne t'a pas dit un seul mot, n'est-ce pas ?

Décidément, il sait tout sur tout.

— Voilà pourquoi ils ne m'aiment pas, reprend-il, et que je n'ai jamais fait partie de l'Academy : je dis la vérité. Je ne la cache pas.

— Quelle vérité ?

Il joue quelques notes sur sa guitare.

— Tu es différente, Melany. Géniale telle que tu es. Ils ont peur de la différence. La différence bouleverse leur statu quo.

Je l'observe pour tâcher de déterminer s'il dit vrai ou s'il me sort des conneries… Il n'y a aucune raison, vu qu'Hadès n'appartient pas à la Demigods Academy. Je décide qu'il a raison : les dieux de l'Olympe n'aiment pas ce qui s'écarte de leurs normes.

— Accepte tes différences, Melany. C'est ce qui te rend spéciale. Puissante.

— Blue, tu es là ? crie une voix.

C'est Lucian qui approche du pavillon. Je me lève pour qu'il me voie.

— Comment tu savais que j'étais ici ?

— Je ne suis pas retourné au dortoir ! Après, je t'ai vue marcher vers le labyrinthe.

Quand je me retourne pour lui présenter Hadès, il n'y a plus personne. Le dieu des Enfers est parti sans que je m'en rende compte. La seule trace de son passage et qui me prouve que je n'ai pas rêvé, c'est le médiator posé sur le banc de pierre.

— Tu faisais quoi dans le noir ? me demande Lucian.

— Je parlais avec Hadès.

— Hadès ? répète-t-il en jetant un regard circulaire autour de lui.

— Oui, il était là sur le banc, en train de jouer de la guitare. On parlait de l'Academy et de mes ailes.

— Je n'ai vu personne d'autre que toi quand je suis arrivé. Juste toi, Blue.

— Je te jure qu'il était là ! Assis ici sur ce banc.

— C'est impossible. Hadès n'a pas le droit de poser un pied à l'Academy. Il existerait un système de sécurité qui l'en empêche.

Je lui mets le médiator sous le nez.

— Tu expliques ça comment alors ?

— C'est peut-être à Dionysos. Il traîne souvent avec une guitare.

Non, je ne suis pas démente : Hadès était bien assis en face de moi, ce n'était pas mon imagination. Mais inutile d'insister, je ne voudrais pas que Lucian me prenne pour une folle… même s'il le pense déjà !

— C’est le jour de ta reprise, Melany, tu es encore fatiguée de tes blessures… En plus, aujourd’hui, je t’ai trouvée…

— Nulle ?

— Grandiose ! Des ailes noires, c’est carrément cool !

— Cool ? Zeus et les autres se sont moqués de moi et m’ont regardée comme un rat de laboratoire. Je suis trop zarbi, oui.

Lucian m’attrape la main.

— Tu es spéciale, Melany.

Qu’ai-je de si spécial ? Les mots d’Hadès résonnent encore dans ma tête.

— Je te parie que tout le monde me trouve bizarre.

— Tu les emmerdes tous !

Il m’attire plus près. J’admire l’ovale parfait de son visage, les taches dorées qui dansent dans ses yeux.

— Tes ailes sont super sexy, Blue ! murmure-t-il à mon oreille.

Mon cœur rate quelques battements. C’est l’effervescence des papillons dans mon ventre.

— Sexy ?

Ses doigts courent maintenant sur mon épaule.

— Ouais. J’adorerais les revoir.

Lucian est adorable de vouloir me redonner confiance. Il est si gentil, alors que ma première impression était archimauvaise : je le trouvais abruti !

Il m’entraîne hors du labyrinthe.

— Si tu me montres les tiennes, je sortirai les miennes ! se moque-t-il.

Son sourire craquant déclenche une nouvelle envolée de papillons.

— J'ai besoin d'être larguée en plein vol pour y arriver !

— Essaie, Melany.

Je m'écarte de lui pour avoir une chance de réussir. Je redresse les épaules et ferme les yeux pour mieux me concentrer. Je ne tarde pas à sentir des ondulations, des chatouillis derrière mes omoplates, puis une sorte de de pression, et enfin…

Mes ailes noires se déploient jusqu'à la haie d'arbustes derrière nous. J'ai un sourire triomphal.

— Waouh ! T'es la boss, Melany !

— Ah ouais, c'est moi qui commande ?

— Juste un peu !

On éclate de rire. Lucian fait un pas en arrière et *vlam !* ses ailes s'allongent, majestueuses. Elles battent une fois, deux fois, puis elles se drapent autour de lui comme un cocon rouge. Je pousse un soupir. Je trouve qu'il ressemble plus à un dieu que les dieux eux-mêmes. Lucian le sait parfaitement ; d'ailleurs, il m'attrape par la main et ordonne :

— Allons voler.

— T'es fou ! On n'a pas encore étudié ce chapitre.

Il hausse les épaules et bat des ailes, prêt à décoller.

— Ça ne doit pas être très difficile. Viens, on essaie ensemble.

J'hésite. Le plus sage serait de retourner dans ma chambre et d'aller ruminer au sujet de ces fichues ailes noires ou du fait que je suis la seule à avoir vu Hadès. Mais être en compagnie de Lucian et voler pour la première fois est le moment le plus excitant de toute ma vie. Je ne dois surtout pas le gâcher.

— D'accord !

L'envergure de mes ailes me paraît démesurée, je les agite doucement pour comprendre leur synchronisation. Un, deux, trois, c'est parti ! Leur puissance me soulève du sol. En quelques secondes, je plane au-dessus du labyrinthe. Lucien me rejoint peu après.

Je lui adresse un clin d'œil et *flouf !* je monte vers les étoiles. Un vent de liberté me porte, c'est euphorique. Après un rapide coup d'œil par-dessus mon épaule, je constate que Lucian, toujours avec le sourire aux lèvres, m'a déjà rattrapée.

Je redescends vers la flèche de la tour principale, plane au-dessus de la citadelle, pique vers le terrain d'entraînement, puis remonte à tire d'aile. C'est grisant. Lucian n'est jamais loin. Il est magnifique, puissant, majestueux comme un aigle. Quand il plonge à mes côtés, la pointe de nos ailes se frôle. Nous évoluons en duo. Nous contournons ensemble la section du dortoir, longeons ses fenêtres. Si un aspirant est levé, il verra une tornade flamboyante rouge et or et une autre noire et blanche. Lucian tapote le bout de mes chaussures, « C'est toi, le chat ! », puis il descend en piqué sur l'une des tours.

Je le rattrape en riant. Alors qu'il se pose sur le balcon le plus haut perché de l'Academy, il replie ses ailes, juste au moment où j'atterris près de lui. Nous nous accoudons à la rambarde et admirons le vaste paysage. Je remarque des zones dont j'ignorais l'existence, comme ce bois touffu à l'horizon. L'étendue, baignée par les rayons de lune, semble infinie.

— C'est sublime.

— Oui… Sublime.

Je tourne la tête vers Lucian, c'est moi qu'il observe et non la vue. Je deviens rouge comme une pivoine car il me dévore littéralement des yeux.

— Lucian ! Tu ne regardes même pas !

— Si, si, tu peux me croire, murmure-t-il en me caressant la joue.

Je déglutis nerveusement. Ce n'est pourtant pas la première fois qu'un garçon m'approche, j'ai eu des petites aventures à Pécunia. Mais ça n'a jamais été la grande passion. Jamais je n'ai ressenti quelque chose d'aussi fort avant Lucian. Rien que ses doigts sur ma peau me font trembler.

Un frisson me parcourt.

— Tu as froid ?

Je secoue la tête. Lucian s'approche encore. Nous sommes maintenant à un souffle l'un de l'autre. Lentement, il dessine la ligne de mon cou avec son doigt. Puis il me relève le menton et vient effleurer mes lèvres avec les siennes. Une caresse d'une extrême douceur. Ma gorge émet un petit bruit qui fait sourire Lucian. Puis il m'embrasse. Sa langue intrusive cherche la mienne, la conquiert. L'intensité de son baiser, sa présence physique, son odeur, tout m'envahit, j'enfouis mes mains dans ses boucles dorées et le goûte à mon tour.

Nous échangeons des baisers sur ce balcon jusqu'au coucher du soleil. Un moment parfait… Parfait à tous points de vue.

CHAPITRE 19

MELANY

Au cours des semaines suivantes, les professeurs nous poussent plus fort que jamais durant les entraînements. Nous découvrons aussi de nouveaux enseignements, comme le maniement de l'épée, la stratégie militaire, les potions et poisons, les sciences de la Terre, la guérison, la manipulation d'animaux. Plus que deux mois avant les épreuves, nous devons nous endurcir.

Aucun de nous ne sait vraiment ce qui nous attend, mais tout le monde répète que ce sera difficile. Il paraît que les combats sont organisés en duels et qu'il faudra juste survivre. Héphaïstos a lâché l'info un soir où j'étais restée tard à la forge pour terminer mon bouclier.

Une bonne nouvelle pour moi : je n'aurai pas besoin de passer la douzième épreuve, la foudre de Zeus, parce que j'ai déjà réussi. Quoique, le terme « survécu » serait plus exact. Chaque fois que je vois mon reflet dans un miroir, mes cicatrices me le rappellent. Les autres disent qu'elles sont cool, alors que, moi, je les associe au tremblement de terre, à la dévastation de Pécunia et à l'immense douleur d'avoir perdu Sophia.

Je suis retournée plusieurs fois au labyrinthe pour voir si Hadès y était. Je ne l'ai jamais revu. Je commence sérieusement à croire que Lucian avait raison : j'ai rêvé, le stress et la fatigue se sont joués de moi. Je suis stressée, oui, et autant que les autres ; mais que mon esprit invoque le dieu des Enfers me dépasse. Pourquoi pas des licornes ou des arcs-en-ciel ?

— Aïe !

Jasmine a encore fait mouche sur moi.

— Mel ! C'est la troisième fois. Tu es vraiment distraite, aujourd'hui.

« Aujourd'hui » ? Elle est sympa : l'entraînement d'hier était dix fois pire, je me suis emmêlé les pieds et Jasmine a même réussi à m'embrocher les fesses. Heureusement que la pointe de nos épées est émoussée. La classe était morte de rire, y compris Arès qui, comme d'habitude, hurlait de rire. On dirait un âne qui brait.

— Désolée, je pensais aux épreuves.

— Ah. Et pas au labyrinthe ? Tu y vas presque tous les jours.

— Tu es au courant ?

— On t'a vue avec Georgina… et on t'a suivie.

J'aurais dû me douter qu'elles feraient ça.

— Tu avais l'air d'attendre quelqu'un.

— Non… J'avais juste envie d'être seule.

— Tu avais rencard avec Lucian ?

Jasmine n'a pas fait dans la discrétion : Lucian se retourne et nous regarde. Mes joues virent au rouge.

— Mais non, je te dis !

C'est un mensonge et elle le sait parfaitement, surtout si elle m'a suivie. Nous nous sommes retrouvés plusieurs fois dans le labyrinthe, Lucian et moi, et avons volé ensemble. Nous finissons toujours sur notre balcon préféré pour échanger des baisers !

— Cessez de bavarder, grogne Arès en s'avançant vers nous. Vous ne savez faire que ça, parler, parler, parler.

Il ouvre et referme la main à plusieurs reprises. Décidément, je déteste ses manières.

— Cela ne vous sauvera pas d'un coup d'épée dans le bide ou d'une lance dans l'œil, ajoute-t-il.

J'entends le ricanement de Revana.

— Mais ça m'évitera peut-être d'aller à la guerre en premier lieu.

Merde, moi et ma langue trop pendue. À peine ai-je refermé la bouche que je comprends mon erreur. Le visage d'Arès a viré au rouge betterave. Il dégaine son épée, sa véritable épée, et me balance un grand coup. Je pare juste à temps avec mon bouclier, sinon il me saucissonnait le flanc droit. La lame en acier trempé heurte le métal, le *bang* se répercute dans le gymnase et vibre sur ma peau.

Arès lève à nouveau son épée et vise ma tête, à présent. Je bloque ce coup. Il pivote, tente une feinte que je repousse encore de mon bouclier. La puissance de ses attaques se répercute dans mon bras. Il ne plaisante pas du tout. Encore un coup qui frôle mes cheveux. Mes bras s'épuisent à brandir et déplacer le lourd bouclier, mais c'est ça ou être coupée en deux. Arès s'acharne tellement sur moi que mes amies lui crient d'arrêter.

— Quelqu'un doit prévenir les autres dieux.

— Il n'a pas le droit !

Je distingue la voix de Lucian au milieu du concert :

— Ça suffit, Arès ! Vous allez lui faire mal !

Mais le dieu continue.

Alors qu'il recule pour prendre de l'élan, je lâche le bouclier et forme une boule de feu, que je lui lance à la figure. Il s'écarte mais pas assez vite, les flammes lui brûlent le bras. Le crépitement de la chair me glace le sang, la puanteur me noue l'estomac.

Je me tiens là, à bout de souffle, le cœur cognant si fort dans la poitrine qu'il me fait mal, mais je ne quitte pas Arès des yeux : je le défie de m'abattre. J'en ai assez d'être la cible permanente de sa colère.

Arès baisse son arme. Il soutient mon regard, puis décrète :

— Fin du cours.

Ouuuufff. Jasmine et Georgina accourent aussitôt à mes côtés.

— Bordel, tu vas bien ? demande Jasmine en passant son bras autour de mes épaules.

J'ai l'impression que l'adrénaline a cessé de circuler dans mes veines, je vais m'effondrer, mais je refuse de donner ce plaisir à Arès.

— Je n'arrive pas à le croire ! s'exclame Mia. Il a failli te tuer. En plus, on ne peut en parler à personne.

— C'est sûr... Ce n'est pas comme si on pouvait en parler à nos parents. On n'a même plus de famille, articule Georgina d'une voix sombre.

— Nous sommes une famille, maintenant. Nous devons veiller les uns sur les autres, je réponds.

Son sourire revient.

— Tu seras le père de cette famille, Mel ! Tu as déjà les bottes !

Georgina a le don pour détendre l'atmosphère. Nous quittons le gymnase et nous dirigeons vers les dortoirs. Je croise Lucian, qui m'adresse son sourire craquant. Comme chaque fois, les papillons frétillent dans mon ventre.

Ren nous rattrape en chemin.

— Il paraît que Dionysos organise une fête ce soir.

— Une fête autorisée ? demande Georgina.

— Ça m'étonnerait ! Du coup, ce sera forcément génial, venez ! Surtout toi, Melany, t'as encore failli mourir, aujourd'hui.

— Pas faux.

Après une douche rapide, Georgina, Jasmine et moi retrouvons les autres dans le hall nord. La musique est assourdissante avant même que nous ayons franchi le seuil de la salle. Comme annoncé, Dionysos est derrière ses platines en train de mixer, il y a abondance de nourriture et de boissons, servis par les petits robots sur roues d'Héphaïstos. Les rayons laser illuminent la piste de danse, une vraie boîte de nuit.

Je me prépare une assiette débordante de victuailles puis réquisitionne un coin du salon en attendant que les autres me rejoignent. Georgina, Jasmine, Mia, Ren et Marek ne tardent pas à venir s'entasser près de moi. En revanche, Lucian n'est pas là, je suis trop déçue. Malgré nos rares moments volés, nous n'avons pas souvent l'occasion de nous retrouver, surtout en groupe. Je commence même à me demander s'il ne préfère pas garder le secret sur notre… Notre quoi, d'ailleurs ? Nous ne sortons pas ensemble, l'Academy n'est pas le lieu pour ça. « Relation » est un terme trop sérieux ; disons que nous traînons ensemble. Mais j'espère sincèrement qu'il ne cherche pas à m'éviter devant les autres. Je suis déjà assez chamboulée par la rage d'Arès, je ne voudrais pas, en plus, qu'on me brise le cœur.

Mia attrape Jasmine par le bras et l'entraîne sur la piste de danse. J'aime que Mia pousse lentement Jasmine à sortir de sa coquille. Petit à petit, elle fait tomber ses barrières.

Les regarder danser me donne envie d'y aller aussi. Les autres me suivent. Nous méritons une soirée pour lâcher prise et nous amuser un peu. Les épreuves arrivent à grands pas, et après, certains d'entre nous pourraient même être expulsés en cas d'échec. Il faut réussir au moins huit épreuves sur les douze pour être autorisé à intégrer un clan.

Je ferme les yeux pour mieux me laisser porter par l'ambiance débridée. Chaque pulsion des basses me traverse le corps, j'ai l'impression que la musique émane de moi. C'est à la fois vibrant et excitant de se déhancher à l'unisson. Nous sommes nombreux sur la piste, des corps se pressent contre le mien, nous sautons, remuons ensemble. Je sens soudain une main sur ma taille. Quand je rouvre les yeux, je découvre Lucian en train de danser à côté de moi.

Folle de joie qu'il soit là, j'enroule mes bras autour de son cou. Lucian m'enlace et nous dansons ensemble, nos corps en parfaite harmonie. Je sais qu'on nous lance des regards intrigués, mais je m'en fiche et lui aussi.

La fête se prolonge très tard dans la nuit. C'est la meilleure soirée de toute ma vie. Quand Lucian, Ren et quelques autres sont invités par Dionysos à aller découvrir sa collection de disques, j'en profite pour m'éclipser dehors. J'ai envie de respirer l'air frais. Dionysos a lancé des fumigènes pour l'ambiance, j'ai le nez bouché et la gorge qui pique.

Je quitte le grand hall par le couloir ouest. Des petits groupes se sont rassemblés ici pour fumer. Je les contourne et choisis d'aller m'installer dans une petite alcôve avec un banc de pierre. Mais en approchant, je réalise qu'il est occupé par Jasmine et Mia… qui s'embrassent avec passion. Elles s'écartent l'une de l'autre en me voyant.

— Oups ! Désolée, les filles.

Je bifurque rapidement à droite et débouche dans un couloir sombre. Je souris toute seule. Je suis si heureuse que Jasmine ait trouvé chaussure à son pied dans un endroit pareil.

Je continue de m'éloigner pour être certaine de dégoter un coin tranquille avec un banc, où je serai sûre d'être isolée. Cela ne fait pas cinq minutes que j'y suis que j'entends des pas se rapprocher. Bordel, je crois que c'est Revana… Oui, c'est bien elle. Un rayon de lune traverse l'une des fenêtres cintrées au-dessus de moi et l'éclaire.

— Tu m'as suivie jusqu'ici ? T'es vraiment flippante, comme fille, nan ?

— Tu te crois si intelligente que ça ? crache-t-elle.

Je préfère me lever, on dirait que Revana n'est pas venue pour papoter gentiment avec moi.

— Oui, plutôt.

— C'est parce que Lucian a pitié qu'il s'intéresse à toi.

Je hausse les épaules.

— Peut-être. Mais il est avec moi et pas avec toi !

Ses yeux se rétrécissent, son visage se durcit encore.

— Pour l'instant, persiffle-t-elle. Il a déjà été avec moi, il reviendra. On est faits pour être ensemble.

— Je m'en fous. T'as le droit de fantasmer.

Je vais devoir la contourner si je veux retourner dans le hall. Mais Revana en a décidé autrement : elle bondit comme une lionne sur sa proie, m'attrape le bras et le tord. De son autre main, elle tente de me frapper au visage, mais j'anticipe, bloque son coup et lui balance mon poing dans l'abdomen. Un coup pas méchant, juste un petit rappel pour qu'elle me lâche les baskets, je suis bien meilleure qu'elle au corps-à-corps.

— Fiche le camp, Revana. Tu ne gagneras pas à ce petit jeu, je te le garantis.

Je recule d'un pas, mais reste tout de même sur mes gardes car elle ne bouge pas de mon chemin. Au moment où je crois qu'elle va s'effacer pour me laisser passer, je remarque un poignard dans sa main. J'ignore d'où elle le sort, mais ce qui est certain, c'est qu'elle est devenue archihabile au maniement des lames. Quand Arès a constaté ça, elle a eu droit à des cours particuliers avec lui.

— Tu veux me tuer, maintenant ?

Elle fait tourner avec dextérité le poignard entre ses mains.

— Non, je serais expulsée pour ça. J'ai juste envie d'ajouter une ou deux vilaines cicatrices à celles que tu as déjà.

Cette tarée est suffisamment virtuose pour me blesser avant que je réussisse à la désarmer. Je dois trouver un moyen de me tirer de là… Bizarrement, je sens les ombres ramper sur les murs et le long du sol. Je ne sais pas si c'est mon inconscient ou quelqu'un d'autre qui est à la manœuvre, mais nous sommes bientôt plongées dans les ténèbres.

— Espèce de lâche ! crie Revana.

Sa voix me paraît lointaine, étouffée par l'obscurité dense et épaisse. Désorientée, je fais quelques pas de côté avec l'espoir de contourner Revana et de quitter ce couloir. Soudain, j'ai l'impression que le sol est différent sous mes chaussures, je ne marche plus sur des dalles de marbre, mais sur de l'herbe spongieuse. J'avance à l'aveuglette, les mains tendues en avant. Petit à petit, les ombres se dissipent, je reconnais le labyrinthe. Je ne suis plus du tout dans l'enceinte de l'Academy !

— Bien joué, Melany ! Je ne pensais pas que tu serais capable de te transporter dans les ombres, tu viens de prouver le contraire.

Je sursaute et me tourne vers la voix. Hadès est là, assis sur son banc de pierre devant le pavillon, toujours aussi nonchalant.

— Vous m'avez amenée ici ?

— Je t'ai simplement envoyé les ténèbres, tu as su t'en servir… Et je t'autorise à me tutoyer, très chère !

— OK.

La remarque de Lucian me revient à l'esprit, je me dépêche de poser ma question avant qu'il disparaisse sans prévenir.

— C'est vous… euh, toi, qui m'as évité d'être électrocutée par la foudre de Zeus ?

Il m'adresse un clin d'œil, l'air goguenard.

— Si c'est moi, tu dis quoi ?

Je hausse les épaules, un peu gênée par sa question.

— « Merci », je suppose ?

Il éclate de rire, se lève et s'approche de moi.

— Parfait ! Je t'aime bien, Melany. Tu as de la fougue, de l'audace, cela te servira dans les jours à venir.

— Quels jours ? Ça veut dire quoi ?

Un cercle de ténèbres jaillit du sol en tourbillonnant, Hadès disparaît au milieu sans me répondre, comme avalé par des sables mouvants.

CHAPITRE 20
MELANY

Quand je retrouve les autres, je ne parle ni de la confrontation avec Revana, ni du petit voyage à travers les ombres, ni de la conversation avec Hadès. D'une part, je ne tiens pas à envenimer la situation avec Revana ; d'autre part, je ne suis pas une moucharde, je n'ai pas envie de raconter qu'un dieu interdit de séjour sur le territoire de l'école va et vient à sa guise. Cela soulèverait d'autres questions, en particulier une à laquelle je n'ai pas de réponse : pourquoi Hadès s'intéresse-t-il à moi ?

Je relègue donc tout cela dans un coin de mon esprit et je la boucle. De toute façon, je suis accaparée par l'entraînement, chaque jour un peu plus long et difficile. Ce n'est pas le moment de relâcher les efforts, les épreuves sont pour très bientôt.

Chaque soir, je fais des heures sup jusqu'au couvre-feu, en particulier pour les cours de manipulation d'animaux avec Artémis, de prophétie avec Apollon… Enfin, pas en direct avec le dieu, mais avec Pythie, son assistante.

J'ai encore du mal à maîtriser et monter les chevaux cracheurs de feu. J'avoue que j'ai eu de la chance avec le griffon, et j'ai réussi à grimper sur une licorne, mais je galère énormément avec ces fichus chevaux, qui sont les plus puissants d'entre tous.

En cours de prophétie, Pythie m'aide sur la divination. Elle dit que je ne serai jamais capable d'y parvenir tant que je ne m'« ouvrirai » pas.

Elle m'a proposé une séance de rattrapage pour m'entraîner et pour que je la laisse lire dans mon passé. Nous sommes assises l'une en face de l'autre, sur des chaises suffisamment proches pour que nos genoux se touchent. Elle me tend ses longues mains noueuses en me demandant de les tenir. J'obéis – avec une grimace parce qu'elles ressemblent à des lanières de vieux cuir froissé ; je ne suis pas fière de moi, mais, comme elle est aveugle, je me dis qu'elle ne voit pas ma tronche. Pythie est sûrement consciente de sa difformité : elle porte un bandeau gris qui dissimule en partie son visage et l'emplacement de ses yeux.

Elle enfonce maintenant ses ongles tordus comme des griffes dans ma peau.

— Tu dois apprendre à ouvrir ton esprit, petite. C'est un exercice donnant-donnant avec celui qui est en face de toi. Tu restes trop sur tes gardes. Relâche-toi.

Je me démanche le cou en essayant de me détendre, j'entends même mes vertèbres craquer ! Pour vider mon esprit, je ferme les yeux, chasse les soucis (il y en a beaucoup) et pense à l'eau calme du bassin des Demos, à la brise légère qui ridait sa surface, au gazouillis des mésanges qui me tirait du lit. Je m'imagine de retour dans notre bungalow avec son jardinet fleuri.

— Continue de détendre ton esprit, petite... Encore... Continue encore.

Je commence à dériver, la voix de Pythie me semble de plus en plus lointaine. Dans ma tête, je flotte sur une mer de nuages blancs et cotonneux. C'est si paisible que j'aimerais rester là. Mais les nuages s'assombrissent, je suis obligée de redescendre sur la terre ferme. Il fait plein jour et chaud, on dirait que j'ai atterri dans un désert. Non, j'aperçois une femme, grande, mince, jolie avec ses yeux violets, mais son visage est un masque de peur. Elle fuit devant un groupe de gens en toges qui brandissent des pierres.

La foule invective cette femme en la poursuivant, hurle « Sorcière ! », « Monstre ! », « Diablesse ! ». Puis les pierres commencent à fuser. La femme est touchée à la tête, au visage, aux bras, partout sur le corps. Ses jambes lâchent, elle s'écroule au sol. Elle essaie tant bien que mal de se protéger le visage alors que les pierres continuent de voler. Malheureusement, c'est devenu encore plus facile de la toucher puisqu'elle ne bouge plus, entièrement recroquevillée. Du sang coule, goutte sur le sable tout autour d'elle.

Je suis transie de peur. En rouvrant les yeux, je comprends : j'ai assisté à la lapidation de Pythie. La femme à terre, c'était elle, le jour où elle est devenue aveugle.

Elle relâche mes mains.

— Voilà. À ton tour, maintenant.

Bon. Je m'éloigne de ses souvenirs et tente à nouveau de vider mon esprit pour la laisser entrer. Son visage se contorsionne… Aïe, qu'est-ce qui se passe ? Son front se plisse, son corps se contracte. Pythie me serre très fort les mains, si fort qu'elle me broie les os et me fait mal. Puis elle pousse un cri en s'écartant brusquement de moi et manque presque de tomber de sa chaise.

— Il y a un problème ?

Elle pose une main tremblante sur sa poitrine en secouant la tête.

— Va-t'en.

— Pourquoi ? Vous avez vu un truc bizarre ?

— Pars… S'il te plaît, petite.

Je me lève mais j'ai besoin de savoir.

— Allez, dites-moi ce que vous avez vu. C'est grave ? S'il vous plaît, Pythie, j'ai le droit de savoir !

— Je n'ai rien vu… Juste des ténèbres, murmure-t-elle.

Ce n'est pas la cata, peut-être qu'elle n'a pas réussi à entrer dans mon passé et elle n'a vu qu'un écran noir.

— Les ténèbres et la mort, reprend-elle d'une voix rauque.

J'en frissonne encore en sortant de la salle de classe. Je ne sais pas trop ce que Pythie voulait dire en parlant de la mort. A-t-elle vu les images de Pécunia détruite et le chaos dont j'ai été témoin lors de mon voyage ? Aucun doute, c'est un souvenir fort pour moi.

Quand j'arrive dans la chambre, Georgina est déjà endormie. Je me glisse sans bruit dans mon lit et reste allongée, les yeux rivés au plafond. Tout cela m'a troublée. J'ai peur de cauchemarder sur le passé de Pythie. Finalement, je suis si fatiguée que mes paupières s'alourdissent. Je m'endors sans difficulté.

Les derniers jours avant les examens filent à toute allure, je suis à la fois excitée du défi à relever et paniquée à l'idée d'être virée de l'Academy. Je bénéficie d'un léger avantage puisque je n'ai que sept épreuves à réussir pour valider mon année. Bon courage aux autres avec la foudre de Zeus. Sans pour autant connaître la nature de chaque épreuve, je suis relativement confiante pour l'envol, le feu et le combat au corps-à-corps. Le tir à l'arc n'est plus un problème, et je parviens à fabriquer une potion pour dormir décente et qui ne tue personne. Je suis même devenue plus à l'aise dans l'eau. Cependant, cela dépendra de ce que les dieux exigent de nous, et je sais qu'avec certains ce ne sera pas simple.

La veille du grand jour, nous avons quartier libre, chacun peut choisir de se préparer comme il l'entend. Je décide d'aller marcher dans le labyrinthe. Cet endroit apaise mon esprit, j'éprouve toujours une sorte de paix intérieure. C'est peut-être la pénombre ou le silence. Je m'installe dans le pavillon avec mes pensées tumultueuses.

— Parfois, je me dis que tu me soutiens un peu... (Je regarde autour de moi avec l'espoir qu'Hadès se montre.) Demain, c'est le grand jour... j'ai peur. Si t'as des conseils, n'hésite pas... (Je me dirige vers son banc habituel.) Des paroles de sagesse ? Des encouragements ? Un câlin ? J'accepte n'importe quoi, aujourd'hui ! (Oh là là, je me cache le visage avec les mains.) N'importe quoi, Mel, tu as officiellement perdu la boule.

— Tu parlais à qui ?

Je relève la tête et aperçois Lucian qui se dirige vers moi.

— À personne... à moi-même.

— On va voler ?

— Non, je ne suis pas d'humeur... Mais je veux bien que tu me tiennes la main !

Lucian s'assied près de moi, m'attire contre lui et enroule ses bras autour de moi. Je pose la tête sur sa poitrine et inspire son odeur. Elle me surprend toujours, je l'adore : il sent le bois et le pin, avec une touche de menthe parce qu'il mâche du chewing-gum en permanence !

— Tu sais, on va peut-être devoir se battre l'un contre l'autre pendant les épreuves.

Son bras se crispe sur mon épaule.

— Je sais.

— Si on me laisse le choix, je refuserai. Je ne veux pas me battre contre toi.

— Moi non plus… J'espère que j'aurai l'occasion de combattre Revana.

Il glousse en me caressant les cheveux.

— J'aimerais voir ça !

Je relève la tête pour plonger mon regard sans ses pupilles, puis j'effleure ses lèvres avec les miennes. J'ai trouvé la meilleure façon de passer cette dernière nuit : en embrassant Lucian jusqu'au lever du soleil, quand le ciel commence à rosir et que mes lèvres sont douloureuses.

CHAPITRE 21

MELANY

À 6 heures du matin, le tintamarre de la trompette habituelle retentit dans les dortoirs. Debout, l'action nous appelle.

J'étais déjà réveillée, ayant renoncé à dormir. Trop de stress, trop d'adrénaline dans les veines. Je suis prête à partir.

Toute la promo se réunit dans la grande salle. Les douze dieux concernés par nos épreuves sont déjà sur l'estrade et nous observent. Zeus prend la parole :

— Aujourd'hui marque le premier jour des épreuves. Pendant les douze prochains jours, vous aurez à vous acquitter des travaux les plus difficiles que vous ayez jamais eu à mener jusqu'à présent. Votre entraînement vous y a préparés. Chaque épreuve se déroule sur une journée. Lorsque votre tour est passé, je vous recommande de retourner aux dortoirs pour vous reposer. Pas de rassemblement ou de fête durant cette période. Tout aspirant surpris à l'extérieur de son dortoir durant les temps de repos sera automatiquement expulsé. Sans aucune exception.

Son regard se pose sur moi.

Il n'a pas à s'inquiéter, je n'ai pas l'intention de ruiner mes chances.

— Nous avons conçu ces épreuves afin que vous puissiez démontrer les compétences acquises au cours de votre formation et, bien sûr, afin de nous permettre d'éliminer les plus faibles d'entre vous. Il y a une épreuve par clan, vous connaissez déjà les spécialités. Vos performances détermineront le clan auquel vous serez affectés en fin de première année d'Academy. Pour rester parmi nous, vous devez réussir au minimum huit épreuves. Avant chaque épreuve, les termes des objectifs à atteindre vous seront communiqués. Et bien sûr, chaque épreuve est différente.

J'ai les nerfs à fleur de peau, ils vibrent en moi comme des diapasons. Je déteste ne pas savoir à quoi m'attendre. Zeus aurait au moins pu nous dire si on se battrait individuellement ou par groupes, cela m'aurait permis de commencer à élaborer des stratégies. Pour l'instant, je ne suis pas plus avancée qu'avant son discours… Bon, les autres non plus, nous sommes sur un pied d'égalité.

— Vous recevrez chaque jour une alimentation adaptée pour garder votre corps fort et votre esprit vif. Je vous suggère de manger et boire tout ce qui vous sera proposé, car vous n'aurez accès à rien d'autre durant les douze prochains jours.

Tiens, c'est bizarre, je ne m'attendais pas à un truc pareil. Zut, et moi qui ai toujours faim, j'espère qu'il y aura assez à manger.

— Rendez-vous sur le terrain nord après votre petit déjeuner. Bonne chance à tous !

Tous les dieux sortent à la suite de Zeus, alors que les robots de service arrivent, accompagnés de Chiron et d'Héraclès.

— Formez trois rangs, beugle Héraclès.

Les aspirants sont plus disciplinés que d'ordinaire, les rangs se forment étonnamment vite. Les robots reprennent leur ballet pour que chacun se serve en barre protéinée et en bouteille d'eau. C'est tout ? Je déteste ces barres additionnées de cannelle comme pour masquer ce qu'il y a dedans. Beurk ! Je la mange quand même en faisant passer le goût à grandes rasades d'eau… qui est amère, ce matin. C'est quoi, ce petit déj absolument dégueu ?

Au bout de cinq minutes, je sens une sorte de chaleur se répandre dans mon corps… Oh, j'ai l'impression que mes muscles s'énergisent, j'ai l'esprit plus clair aussi ! Je regarde Jasmine et Georgina, leurs visages s'illuminent, on dirait bien qu'elles éprouvent la même sensation.

— C'est mieux que des épinards ! plaisante Georgina.

La trompette retentit, nous partons au pas de course vers le terrain d'entraînement indiqué par Zeus.

Héphaïstos est là, près de nos boucliers qu'il a disposés sur une grande table à trépieds. Artémis et Arès attendent près de lui. C'est bien la première fois que je vois Héphaïstos et Arès côte à côte.

— Vous me connaissez, pas de grand discours avec moi, c'est inutile, lance Héphaïstos. Mon épreuve ne réserve aucune surprise, vous l'avez préparée chaque fois que vous êtes venus à la forge. Les boucliers que vous avez créés détermineront votre réussite ou votre échec.

Malgré tout, un murmure inquiet monte dans les rangs.

— La ferme ! Si vous ne l'aviez pas encore compris, c'est que vous êtes stupides.

Je ne peux m'empêcher d'éclater de rire. Jasmine et Georgina tournent la tête au même moment et me regardent, bouche bée.

— Melany Richmond ! s'époumonne Héphaïstos. Tu seras la première puisque tu trouves ça drôle.

Merde.

On s'écarte pour me laisser passer, j'avance seule sur le terrain. Arès a son rictus moqueur, comme chaque fois.

— Prends ton bouclier.

Je me dépêche d'aller le chercher sur la table et de l'attacher sur mon avant-bras, puis j'attends les instructions d'Héphaïstos.

— Maintenant, évite d'être touchée.

— Par quoi ? je réponds, paniquée et en regardant autour de moi.

Artémis tend son arc, sur lequel une longue flèche est déjà placée. Héphaïstos lève les mains, le feu jaillit aussitôt. Arès dégaine son épée.

Putain de merde.

— Va te placer au bout du terrain. Ton but est de revenir vers tes camarades sans être atteinte par la flèche, ni frappée par l'épée, ni brûlée, et avec ton bouclier intact. Alors tu auras réussi la première épreuve.

Je cours aussi vite que possible pour aller me placer près du drapeau rouge qui marque mon point de départ. Je prends alors une profonde inspiration, vérifie une dernière fois la position de mon bouclier et m'élance. Que l'affrontement commence.

Je n'ai même pas avancé d'un mètre que deux flèches pleuvent déjà sur moi. D'instinct, je lève le bouclier qui me protège, les pointes ricochent, je continue. Ensuite, j'ai droit à une boule de feu plutôt volumineuse et propulsée avec vigueur. Elle s'écrase sur le métal puis explose en mille étincelles. Je suis à l'abri mais je sens tout de même l'odeur de quelques cheveux qui grésillent.

Hop, c'est reparti. Artémis a décoché une nouvelle salve de flèches, qui pleuvent sur moi en ordre dispersé. Je suis obligée d'être rapide pour abaisser le bouclier devant mes jambes puis le relever au-dessus de ma tête. Je gagne quelques mètres de terrain avant qu'une série de boules de feu illuminent les airs. Le tir est moins bien ajusté, certaines touchent le sol derrière moi, mais une grosse tape dans le mille. Heureusement, mon fidèle bouclier tient le coup.

L'attaque suivante est une combinaison de flèches et de boules de feu. Ça se corse. Ça me force à inventer des esquives fantaisistes pour éviter *in extremis* une flèche qui visait mon épaule et des étincelles qui roussissaient déjà mes poils de jambes ! J'entends les encouragements de mes amis, cela m'aiguillonne. Je reprends ma course effrénée. Plus vite, Mel.

La ligne d'arrivée est en vue, mais Arès fonce sur moi, l'épée dégainée. OK, ça va être ma fête. Je parviens à bloquer le premier coup de ce taré, mais il s'acharne et cogne comme une brute, encore et encore. Comme toujours, j'ai clairement l'impression qu'il est beaucoup plus dur avec moi qu'avec les autres.

Alors que je pare un coup, bras tendu au-dessus de la tête, je profite du mouvement pour repousser Arès de toutes mes forces. Gagné, le dieu perd l'équilibre. Cela me laisse quelques secondes de répit pour sprinter comme un guépard jusqu'à la ligne d'arrivée. Je la traverse sous les applaudissements de mes camarades. Héphaïstos me salue, avant de récupérer mon bouclier pour l'inspecter.

Furax et rouge tomate, Arès déboule en hurlant.

— Éliminée ! Elle a triché !

Héphaïstos ne prête aucune attention à ses vociférations et continue d'examiner le métal de mon bouclier.

— Pas une bosse. Félicitations, tu as réussi ta première épreuve.

— Non ! Elle a triché, je te dis. Je vais la conduire à…

Les derniers mots d'Arès restent dans sa gorge, étranglée par la grande main musclée d'Héphaïstos.

— C'est mon épreuve, je n'ai pas de leçon à recevoir.

Puis il repousse le dieu de la Guerre. Dans les rangs des aspirants, on entend les mouches voler.

Arès vire du rouge au violet, avant de quitter le terrain d'entraînement. On le voit s'éloigner à grands pas et avec des gestes saccadés. Je ne sais pas ce qui m'étonne le plus : la rapidité d'intervention d'Héphaïstos ou le départ d'Arès, qui n'a même pas cherché à combattre.

Héphaïstos hausse les épaules.

— Quelqu'un d'autre gérera l'épée, commente-t-il d'un ton placide.

J'éclate de rire, comme une bonne partie de la promo. Incroyable mais vrai, nous sommes récompensés par un sourire – fugace mais réel – du puissant dieu artisan.

Pour ma part, l'épreuve est validée, mais je reste pour encourager mes amis. Posée dans l'herbe, je suis tellement soulagée que je me laisse emporter par l'enthousiasme général et que j'applaudis avec les autres lorsque Revana survole l'épreuve, pratiquement indemne. C'est une bonne journée, personne n'échoue.

Le lendemain matin, rendez-vous dans le jardin près du labyrinthe. Déméter nous accueille avec sa décontraction habituelle. Je trouve ça très agréable après la tension de la veille.

— Vous imaginez sûrement que je vais vous demander un exploit impossible. Non, les biquets ! Je ne crois pas à toutes ces conneries.

On entend des soupirs de soulagement et quelques rires nerveux. Près de moi, Jasmine et Georgina se détendent, surtout Georgina. Son épreuve avec Héphaïstos n'a pas été une partie de plaisir, elle a même une brûlure à la jambe causée par une pluie d'étincelles.

— Aujourd'hui, votre tâche consiste à traverser le labyrinthe, par équipes de cinq.

Trop facile ! Je le connais comme ma poche, je pourrais le parcourir les yeux fermés.

— Mais…

Les murmures d'excitation baissent d'un ton.

— J'ai redessiné le labyrinthe. Comprenez-moi, je n'allais tout de même pas vous dérouler un tapis rouge, bande de feignasses !

Éclat de rire général. Déméter sourit.

— J'ajoute que vous êtes chronométrés. Vous avez vingt minutes pour atteindre le centre. Formez les groupes, aspirants !

Bien entendu, Jasmine, Georgina et moi restons ensemble. Ren bondit vers nous, Jasmine attrape Mia par l'épaule. Nous sommes cinq. Je cherche Lucian du regard, il m'adresse un petit signe. Je ne m'inquiétais pas, il est toujours archisollicité et le groupe qui est en train de se former autour de lui est très motivé et compétitif. Ils n'échoueront pas.

C'est d'ailleurs le groupe de Lucian qui pénètre en premier dans le labyrinthe. Ma nervosité monte d'un cran, je surveille le chronomètre de Déméter en me rongeant les ongles. Au bout de quinze minutes, la déesse applaudit.

— Le premier groupe a validé ! À qui le tour ?

Mon équipe se place sur la ligne de départ.

— À vos marques, prêts, partez !

Nous entrons dans le labyrinthe et tournons immédiatement à droite. J'ai l'impression que les haies sont plus hautes. À une intersection, je propose de tourner à droite, mais une petite flèche sur le sol s'allume en clignotant et nous montre la gauche. Sacrée Déméter ! Elle déteste vraiment les défis, je me demande si cela ne lui causera pas des ennuis avec Zeus.

Quinze minutes plus tard, nous atteignons le centre du labyrinthe. Le groupe de Lucian est encore là, à s'empiffrer joyeusement de pâtisseries et de sandwichs. Dès qu'il m'aperçoit, Lucian se précipite vers moi avec une assiette de cupcakes au chocolat.

— Rien que pour toi !

Miam, je me jette dessus, en enfourne un premier et lui souris, la bouche pleine.

Le reste de la journée est un délice à tout point de vue, nous le passons au milieu du labyrinthe, à l'abri des haies géantes, à manger, rire et nous détendre. Une parenthèse avant que commencent les choses sérieuses.

Le jour suivant est celui de Dionysos. Les barres protéinées dont je déteste le goût sont de retour. Nous retrouvons le dieu dans son laboratoire, où il nous a appris à fabriquer potions et mixtures aux propriétés diverses, variées et parfois malicieuses.

— Bonjour, les apprentis sor… ciers.

Il bute sur les mots, je me demande s'il n'est pas déjà ivre. Si tant est qu'il soit jamais sobre. L'ébriété est peut-être son état naturel, c'est difficile à déterminer.

— Pour cette épreuve finale, vous devrez créer trois potions différentes. (Il compte en même temps sur ses doigts.) Un : le sommeil. Deux : la super-force. Trois : l'invisibilité. Vous les connaissez déjà, nous les avons étudiées au cours du trimestre. J'espère que vous avez révisé, je vous interdis de consulter les recettes ou vos notes. Les ingrédients de chaque potion se trouvent dans l'atelier. À vous de les rassembler. Vous avez deux heures. (Alors que les aspirants sont prêts à s'élancer, Dionysos lève un doigt.) Un dernier détail : une fois qu'elles sont fabriquées, vous devez les tester sur un camarade que je désignerai. Pour réussir mon épreuve, vous devez produire au moins deux potions correctement dosées. Si vous empoisonnez quelqu'un, je décline toute responsabilité. Allez-y !

C'est la ruée immédiate sur le bocal de valériane. Évidemment, tout le monde veut commencer par la potion de sommeil, qui est la recette la plus simple à réaliser et la plus facile à retenir. Je décide de commencer par la potion de super-force en attrapant le ginseng. Je me débrouillerai avec de la mélisse, plus instable, pour remplacer la valériane, qui sera sûrement épuisée sous peu.

Je prends mon temps pour fabriquer mes potions, la qualité étant le critère primordial de cette épreuve. Je jette parfois un coup d'œil autour de moi pour vérifier où en sont les autres. Je ne m'inquiète pas pour Jasmine et Georgina : elles sont douées, et je les vois sourire en comparant leurs fioles. En revanche, Ren a l'air énervé, tout comme Lucian. Ils sont super forts dans toutes les matières sportives, beaucoup moins assis derrière une paillasse de laboratoire.

Les deux heures filent à toute allure. Dionysos siffle la fin de l'épreuve, nous devons tout laisser en plan.

— L'heure de vérité ! annonce le dieu. (Il fait le tour de la salle en scrutant les potions, puis s'arrête devant Jasmine.) Tu vas tester tes potions sur… (Il regarde les visages inquiets en souriant, puis sourit et me montre du doigt.) Melany ! Et réciproquement.

Nous rassemblons nos flacons et rejoignons la table de travail de Dionysos, devant tout le monde.

— Commencez par la super-force, ordonne-t-il.

Je tends ma potion à Jasmine et elle me tend la sienne. Je compte jusqu'à trois, puis nous buvons en même temps. La sienne a le goût de réglisse – en a-t-elle mis pour donner de la saveur ?

— Bien. Testez votre force là-dessus. Ça fait deux cents kilos.

Dionysos désigne l'énorme enclume qui trône dans un coin. Je m'étais toujours demandé à quoi elle servait.

— Toi d'abord, dit Jasmine.

Je m'accroupis devant l'enclume, positionne mes mains autour et… la soulève comme si c'était une plume ! Génial, Jasmine a validé une potion ! La mienne fonctionne aussi, mon amie n'a aucun problème à faire la démonstration.

Potion suivante : l'invisibilité. Nous buvons à nouveau en même temps, c'est plus drôle. En quelques secondes, nous disparaissons toutes les deux ! Je suis trop contente, j'avais eu un petit doute en mélangeant les ingrédients. Les effets ne durent que quelques minutes, mais c'est normal, Dionysos nous l'a enseignée de cette façon. Si tout va bien, l'an prochain, nous apprendrons à en fabriquer une qui dure des heures.

— Vous avez toutes les deux réussi, mais j'aimerais vérifier votre potion de sommeil. Pour les points de bonus !

Il nous montre deux chaises.

Hop, c'est reparti ! Nous nous asseyons, puis buvons pour la troisième fois. Je remarque que Jasmine a également utilisé de la mélisse ; c'est super, je connais bien ses effets. C'est la dernière pensée cohérente que j'ai avant de tomber dans les bras de Morphée…

Plus tard (j'ignore combien de temps s'est écoulé), Dionysos me secoue. Apparemment, pendant que je dormais, les tests se sont poursuivis dans la classe. Mia, Ren et Diego ont échoué. La potion d'invisibilité de Ren a rendu Revana toute verte. Littéralement. Si je n'étais pas triste pour lui, j'aurais rigolé comme une folle.

Ce soir-là, je reste allongée dans mon lit, les yeux rivés au plafond une fois de plus, en espérant que la force et le courage vont continuer de m'animer. J'ai réussi les quatre premières épreuves, il en faut encore quatre pour demeurer à l'Academy. Quatre de plus et on ne pourra plus jamais me chasser. Ma place est ici, je le sens. Je ne survivrai pas ailleurs… L'épreuve de demain, avec Apollon et Pythie, m'inquiète. Je garde un si mauvais souvenir de ma séance de rattrapage avec l'assistante du dieu… J'espère que ça ira quand même.

Le lendemain, c'est Apollon qui forme les binômes. Je prie tous les dieux pendant le processus, en souhaitant tomber sur quelqu'un avec qui je serai à l'aise, quelqu'un qui me donnera envie d'ouvrir mon esprit. Raté : je suis avec Revana. Je ne pouvais pas espérer pire comme partenaire.

Nous sommes assises l'une en face de l'autre, avec les genoux qui se touchent.

— Chacun doit lire un événement, un souvenir du passé de l'autre, et le raconter à haute voix. Ceux qui ne parviennent pas à extraire la moindre information seront recalés. (Apollon passe dans les rangs et, arrivé à notre niveau, ordonne :) Vous deux, tenez-vous les mains.

Génial.

Résignée, je tends mes mains à Revana, qui claque les siennes dans mes paumes. Pffff. Je serre… plus fort que nécessaire, mais je m'en fiche. Je ne la laisserai pas gâcher mes chances.

C'est parti, je commence ma méthode habituelle : je ferme les yeux, j'inspire profondément, puis me concentre sur Revana. Sur ses mains dans les miennes, sa respiration, son sempiternel parfum de vanille. C'est bon, je plonge dans son esprit, à la recherche d'un souvenir fort… Je déteste devoir raconter ça à haute voix, je trouve que c'est une atteinte à la vie privée.

— Je vois une compétition d'athlétisme. Revana est dans les starting-blocks, parée à courir. Elle a onze ou douze ans environ.

Les mains de Revana se resserrent autour des miennes, je sens son pouls battre plus fort.

— Le coup de feu retentit, Revana se propulse en avant. Elle est dans le couloir numéro trois. Elle court très vite, dépasse les autres filles. Elle est en tête. La ligne d'arrivée n'est plus très loin, mais… une fille accélère derrière elle et franchit la ligne en premier.

Je m'arrête là. Ce souvenir est une grande déception pour Revana. Son désespoir est palpable. La haine qu'elle éprouve envers elle-même d'avoir perdu la course.

— Revana rentre dans sa maison, ses parents la suivent. Elle lance un regard à son père. Il ne lui sourit pas. « Je suis désolée, papa. » Il lève enfin les yeux vers elle avec un air renfrogné et lui dit qu'elle est vraiment trop nulle…

Je rouvre les yeux, je n'ai pas envie de continuer.

— Tu dois raconter tout ce que tu vois, Melany, ordonne Apollon. Sinon, je ne valide pas ton épreuve.

Revana me lance un regard noir et plante ses ongles dans ma peau.

— Dépêche-toi, grogne-t-elle.

— Son père lui dit qu'elle est nulle et que tout le monde se fiche de la deuxième place. Il n'y a que la première place qui compte dans la vie. Revana répète combien elle est désolée. Son père la gifle. Une gifle magistrale… C'est la fin du souvenir.

Je soupire. Quelle tristesse. Apollon hoche la tête.

— Très bien. À ton tour, Revana.

Je prends une autre inspiration, purificatrice cette fois-ci, pour me détendre et ouvrir mon esprit. La fille que je déteste le plus va fouiner dans ma tête. Je n'ai aucun moyen de la bloquer, mais je me demande bien ce qu'elle va arracher à mon subconscient.

Revana plonge ses yeux dans les miens tout en me broyant les mains. Aïe, quelle conne ! Ses yeux se rétrécissent, sa respiration s'accélère… Puis son front se plisse.

— Je ne vois rien ! hurle-t-elle. Laisse-moi entrer, merde.

— Bah oui, c'est ce que je fais.

C'est la vérité. Du moins, je crois. En tout cas, je ne la bloque pas consciemment. Revana ferme les yeux, le visage tordu par la concentration.

— Applique-toi, Revana, lance Apollon, qui est resté près de nous.

— Je m'applique ! s'énerve Revana.

— Il ne te reste que quelques minutes.

J'ai envie de lui dire de la boucler, il n'aide pas du tout, à l'interrompre sans cesse. Finalement, Revana rouvre les yeux et repousse mes mains.

— Je ne vois rien. Rien de rien.

— Pas le moindre petit souvenir ? insiste-t-il.

— Il n'y a rien, je vous dis ! s'emporte Revana. Son esprit est tout noir.

— Tu la bloquais ? me demande le dieu.

— Bien sûr que non ! Même si je le voulais, je ne saurais pas comment on fait.

— OK. Bon, je valide ton épreuve, Melany… Revana, tu as échoué.

— Salope !

Revana se relève d'un bond, se rue sur moi, me balance un coup de poing en pleine figure et part en courant.

Apollon a l'air ennuyé. Pythie, qui a tout entendu, hausse les épaules.

— La journée va être longue, soupire le dieu.

À la façon dont Pythie s'agite sur sa chaise, je me dis qu'elle va lui raconter l'épisode de l'autre jour, que ce n'est pas la première fois que mon esprit est « noir ». Mais elle n'en fait rien. L'épreuve se poursuit pour mes camarades.

Plus tard, dans notre chambre, Georgina me pose la question :

— Il s'est passé quoi, avec Revana ? La fumée lui sortait des naseaux quand elle a quitté l'épreuve. Il paraît qu'elle a dit partout que tu allais payer.

— Je ne sais pas, je n'ai rien fait de mal, je réponds en haussant les épaules. Elle a raté son épreuve et me met ça sur le dos.

Je m'effondre sur mon lit et me tourne vers le mur. Je n'ai pas envie d'en parler. La journée a été suffisamment rude, et le pire est encore à venir. Jusqu'à maintenant, les dieux ne nous ont pas beaucoup mis en compétition ; pourtant, ça va arriver, je le sais.

Aujourd'hui, c'était Revana, mais si demain c'est Georgina ou Jasmine, ou même Lucian ? Serai-je capable de combattre mes amis ? De gagner l'épreuve au risque de perdre leur amitié ? J'espère sincèrement ne pas avoir à vivre un dilemme pareil.

CHAPITRE 22
MELANY

Juste avant d'arriver dans l'aile d'Aphrodite pour notre prochaine épreuve, Lucian m'entraîne dans un coin à l'écart.

— Tout va bien, Blue ?

— Oui, très bien.

Il effleure ma lèvre gonflée et douloureuse, l'œuvre de Revana.

— Qu'est-ce qui s'est passé ? Le bruit court que tu aurais triché et qu'à cause de toi Revana n'a pas validé.

Je m'écarte de lui.

— Et toi, t'en penses quoi ?

— Que c'est un tas de conneries.

— Merci.

Sa réponse est un soulagement. Je suis heureuse qu'il ait du discernement, les rumeurs sont débiles. Lucian m'attire à lui en souriant pour une étreinte rapide.

— Et toi, tu as réussi ? je demande en frôlant ses lèvres avec les miennes.

Il me serre encore plus fort.

— Non, raté.

— Oh, Lucian, je suis désolée.

Il hausse les épaules.

— Je compte bien ne pas me planter aux prochaines, murmure-t-il, confiant.

On s'embrasse une dernière fois avant de se séparer pour entrer chez Aphrodite. La déesse ressemble à une statue d'or sur son piédestal. Une fois que nous sommes installés, elle présente les règles de son examen :

— Vous l'avez compris ces derniers mois, mon cours est basé sur la duperie. Je vous ai appris à transformer votre corps de l'état humain à animal. Aujourd'hui, je vous demande tout simplement de vous métamorphoser en… chèvre.

Quelques ricanements s'élèvent, Aphrodite les ignore.

— Vos camarades devront ensuite tenter de vous repérer parmi un troupeau de chèvres. S'ils y parviennent, c'est que votre transformation était insuffisante, donc vous ne validez pas mon examen. Par le passé, le processus impliquait d'abattre les chèvres les unes après les autres, mais je vous dispense de cette règle.

J'échange un regard horrifié avec Jasmine.

— Elle est folle, je murmure.

La moitié des aspirants sont escortés hors de la salle, je fais partie de ceux qui restent. Un quart d'heure plus tard, quand la porte se rouvre, dix chèvres s'engouffrent en trombe. Il faut maintenant identifier les fausses parmi les vraies. À nous de trouver un trait dominant oublié, un grain de beauté non dissimulé, une cicatrice. Comme c'est un travail de groupe, nous devons prendre les décisions à l'unanimité, après examen de chaque chèvre.

Je n'ai pas besoin d'échanger avec les autres, nous sommes unanimes : si l'un de nous repère un détail compromettant, il ne le dira pas pour ne pas éliminer un camarade. C'est important de s'entraider…

Après observation des dix chèvres, nous nous concertons et tombons d'accord. Jasmine est notre porte-parole.

— Elle, la blanche ! dit-elle à Aphrodite.

Aphrodite hoche la tête, puis claque des doigts. Huit chèvres, y compris celle que nous avons choisie, reprennent forme humaine. Horrifiée, je fixe Lucian, alias la chèvre blanche. Mon estomac se retourne.

Aphrodite descend de son estrade et se dirige vers nous. Son regard brille d'une flamme bleue.

— Ne jouez pas au plus malin avec moi, murmure-t-elle, avant de faire signe aux aspirants de se relever. Vous avez tous réussi, sauf toi, mon cher Lucian. Tu peux remercier tes amis, ajoute-t-elle avec perfidie.

Waouh. C'est vraiment une sale garce, il faut que je sois vigilante.

Nous sommes encore plus précautionneux avec le groupe de chèvres suivant. À notre grand soulagement, il n'y a aucun faux pas.

Mon tour de me transformer arrive, je fais vite, priant pour n'avoir laissé aucun détail apparent (genre des poils bleus !). Comme il n'y a pas de miroir dans le vestiaire, je ne peux pas vérifier mon allure. Des bêtes me rejoignent dans le hall, j'ignore leur nature – ami ou animal –, c'est bizarre. Les portes s'ouvrent, je suis le troupeau.

Je tâche d'être aussi caprine que possible : je bêle, je bouscule une chèvre avec mes cornes en espérant ne pas lui faire trop mal. Revana fait partie du groupe d'observation, je sais qu'elle est à ma recherche. Cette toquée examine le troupeau en filant des coups de pied à chaque animal. Après avoir eu un aperçu de son passé, j'éprouvais un peu de pitié à son égard, mais, en fait, cette fille a vraiment un mauvais fond. Ce n'est pas une bonne personne.

Ça y est, elle s'approche de moi et me flanque un grand coup de botte dans le flanc. La douleur me vrille le corps, j'ai une affreuse envie de lui mordre le cul, mais je me retiens. Avec un bêlement, je vais me réfugier auprès d'une petite chèvre brune.

Je stresse pendant leurs délibérations, surtout que Revana est la plus véhémente. Elle désigne une chèvre noire et blanche, de taille moyenne.

— Celle-là ! C'est une fausse !

Aphrodite claque des doigts. Jasmine, Georgina, Ren, Mia et moi reprenons notre apparence. De même que Marek, le colocataire de Ren ; manque de chance, Revana l'a démasqué. Marek a donc échoué.

Ce soir-là, Georgina me confie à quel point elle a peur pour les épreuves restantes. Les plus difficiles.

— Il m'en faut encore trois… Mais je n'y crois pas trop, ça va être tellement physique et brutal à partir de demain, s'inquiète-t-elle.

— Tu es forte, Georgina. Plus forte que tu le penses. Et si je peux t'aider pendant une épreuve, tu sais que le ferai.

Une fois de plus, ma nuit est agitée, peuplée de rêves, d'obscurité et d'ombres. Je me demande même si ce n'est pas une sorte de présage.

L'épreuve d'Héra ressemble à un genre d'*escape game*. J'en avais fait un avec Callie et ses amis ; ils avaient passé leur temps à se disputer, du coup nous n'avions pas trouvé la solution pour sortir de la pièce.

La consigne est d'utiliser nos connaissances sur les dieux pour découvrir les indices qui nous mèneront à la porte donnant sur la pièce suivante, sachant qu'il y a trois pièces en tout, et ce en une heure maximum. L'équipe la plus lente a perdu.

Comme nous devons nous répartir en groupes de cinq, nous formons notre groupe habituel : Jasmine, Georgina, Mia et moi. Ren décide de rejoindre un autre groupe avec Marek « pour être sûr de ne pas échouer », ce qui laisse une place pour un nouveau membre. Lucian ! J'ai confiance, tous sont calés en histoire des dieux, mon groupe devrait réussir à traverser les salles presto. Je suis probablement le maillon faible, cette fois-ci.

Dès que nous sommes enfermés, j'attrape la main de Lucian pour m'excuser.

— Je suis tellement désolée pour hier.

— T'inquiète, tout va bien.

— Mais tu as…

— Tout va bien se passer, me dit-il avec son sourire craquant.

Soudés, nous trouvons les solutions des énigmes en un temps record ; du moins, c'est l'impression que nous avons durant l'épreuve. Quand tous les groupes sont passés, Héra révèle les scores : nous sommes deuxièmes derrière l'équipe de Ren. Je suis très heureuse pour mon ami.

Revana et son groupe sont derniers. Ce qui lui fait deux échecs. Je ne m'en réjouis pas… Enfin, peut-être juste un peu !

Je dors profondément cette nuit-là, ça ne m'était pas arrivé depuis longtemps. Tant mieux, parce que j'ai besoin d'être fraîche et en grande forme pour l'épreuve de vol d'Hermès. Je n'ai aucun doute que Lucian et moi réussirons à décoller, mais les problèmes surgissent toujours quand on s'y attend le moins… Des problèmes comme Revana et sa clique. Ce n'est même pas un bruit de couloir, tout le monde est au courant : ils auraient prévu de m'attaquer. Je dois donc surveiller mes arrières.

Hermès nous attend sur le terrain d'entraînement. Il porte un nœud papillon bleu à pois blancs, ce que je trouve super mignon.

— L'épreuve d'aujourd'hui est une course. Le vol étant une compétence fondamentale de votre formation de soldat, seuls les vingt-cinq premiers seront qualifiés. L'autre moitié aura échoué.

Je jette un bref coup d'œil à Georgina et Jasmine. Le niveau de compétition s'élève, nous le savions et nous en avons la démonstration. Je suis inquiète pour Georgina, elle reste maladroite en vol.

— L'examen se déroulera en cinq manches de dix participants. Les meilleurs scores vous qualifient, les mauvais vous éliminent. Je forme les groupes.

Je m'éloigne de mes amis au cas où Hermès constituerait un groupe par association de proximité. Je ne tiens pas à concourir contre mes amies. Malgré tout, je tombe avec Lucian, Ren, Marek, Mia, Revana, Diego et trois autres que je connais moins.

Hermès décrit le parcours, puis nous nous alignons sur la ligne de départ tracée au sol. Il va chronométrer la vitesse à laquelle nous déployons nos ailes et décollons. Heureusement que Lucian m'a forcée à pratiquer. C'est le top départ, Hermès se tient devant nous, bras levés.

— Prêts ? Partez ! crie-t-il en les abaissant.

Mes grandes ailes noires jaillissent aussitôt, je m'envole en quelques secondes. Lucian est juste derrière moi,

Revana, Ren et Mia forment un peloton un peu plus bas. Les autres semblent plus lents et malhabiles.

Maintenant que tout le monde s'est soulevé du sol, la course commence et je suis en tête. Lucian me talonne, sans pour autant me dépasser ; je me demande s'il n'essaie pas de me protéger de Revana, qui va forcément mettre la gomme pour m'atteindre. Dans les airs et à l'abri des regards indiscrets, c'est l'occasion rêvée pour elle.

Je dépasse la première flèche de la citadelle, contourne les tours nord et prends le risque de jeter un coup d'œil derrière moi. Lucian est toujours sur mes talons, mais Revana a gagné du terrain. Elle est aile contre aile avec Mia, alors que Ren est légèrement en retrait.

Elle a dû voir que je vérifiais où elle était parce que je la vois se rapprocher dangereusement de Mia. Revana cherche à dégager mon amie, à la déstabiliser pour attirer mon attention. Eh bien, ça fonctionne. Je ralentis dans le but de reculer, mais Lucian vient se placer à côté de moi en secouant la tête.

— N'entre pas dans son jeu, Blue. Continue de voler.

Je regarde à nouveau par-dessus mon épaule et vois Revana heurter violemment Mia. Non, ça suffit.

— Prends les devants, Lucian. Ne m'attends pas.

Je peux me permettre de rater une épreuve. Je replie mes ailes et me laisse tomber comme une pierre en direction de Revana et Mia. Ah, ah ! Les yeux de Revana s'écarquillent comme des soucoupes quand elle me voit approcher.

— Règle tes comptes avec moi, pas avec mes amis !

Hop, je déploie mes ailes et tourne autour de Revana. Le déplacement d'air la déséquilibre, elle oscille avant de se cabrer en arrière. Je fais un signe de tête à Mia et lui crie :

— Vole devant moi.

Nous formons un escadron, Lucian en tête, Mia, puis Ren et moi. Revana galère pour nous rattraper : cette idiote reste dans mon sillage, elle n'a pas pigé que mes battements d'ailes sont trop puissants et la ralentissent. Bien fait pour elle.

Le temps que notre petite équipe achève le dernier cercle, Lucian se pose déjà. Il est premier, puis Mia, Ren, moi. Diego atterrit aux côtés de Revana et de Laura. Marek et deux autres se posent en dernier.

Hermès n'annonce pas les scores, puisque les autres groupes ne sont pas encore passés, mais je suis presque sûre que Lucian et Mia sont les meilleurs. Pour moi, ça devrait aller ; on verra à la fin de l'épreuve.

Ensuite, je regarde mes amies s'envoler avec anxiété. Jasmine s'en sort très bien, je me doutais qu'elle y arriverait : elle est douée et a un très bon sens de l'orientation. En revanche, Georgina manque d'assurance, elle finit septième.

Une fois que toutes les courses sont terminées, tout le monde est crevé. Pourtant, Hermès exige qu'on s'aligne avant l'annonce des résultats. Celui-là alors !

J'avais raison : Lucian et Mia ont réalisé les meilleurs temps. Je valide l'épreuve, tout comme Ren, Jasmine et Revana. Mais Georgina et Marek échouent. Je crois bien que ça fait trois épreuves manquées pour Marek, deux pour Georgina. Il va falloir que je veille sur elle lors des prochains jours, hors de question qu'elle soit virée de l'Academy.

CHAPITRE 23

MELANY

Georgina et moi passons le reste de l'après-midi blotties dans notre chambre, à papoter et nous reposer. Mon amie est contrariée d'avoir raté son épreuve, je la rassure en lui jurant que je l'aiderai pour les prochaines. Nous échangeons sur nos familles, nos souvenirs et les garçons ! Georgina a laissé un amoureux quand elle a rejoint l'Academy, je lui parle de Lucian.

— Tu es amoureuse de lui ?

Elle me donne un petit coup de coude dans les côtes pour m'obliger à réagir.

— Aïe ! Je ne sais pas.

Si, je le sais : oui, je suis amoureuse, mais je ne veux surtout pas l'exprimer à haute voix. Quelle signification donner à cet amour né ici, à l'Academy, alors que nous sommes plongés dans les épreuves de sélection ? L'amour, l'amitié, c'est compliqué, surtout à un moment de la vie où aller de l'avant implique de laisser les autres derrière soi.

Le lendemain matin, la journée commence par une distribution de barres protéinées. Alors que personne ne me regarde, je tends la mienne à Georgina.

Elle secoue la tête, affolée.

— Mel, non !

— Mange-la, je n'en ai pas besoin. Ce ne sera pas la fin du monde si je rate une épreuve.

Puis je m'éloigne en vitesse pour qu'elle ne puisse pas me la rendre. Cinq minutes plus tard, quand je jette un petit coup d'œil à Georgina, je constate qu'elle l'a mangée. Parfait.

Le rassemblement a lieu sur le terrain sud à côté des écuries. Artémis nous accueille sur l'un des grands chevaux cracheurs de feu que personne n'a réussi à monter jusqu'à présent. La bête renifle, gratte la terre avec ses sabots, ce qui n'inspire pas confiance et nous fait tous reculer.

— Je vous explique mon épreuve, lance la déesse du haut de sa monture. Vous allez monter l'une de mes bêtes, la maîtriser pour la mener jusqu'au parcours du combattant. (Elle nous montre la piste qui a été tracée avec des haies et des obstacles.) Il y a dix cibles. Je vous demande de placer au moins huit flèches… Plus de deux flèches à côté de la cible, et c'est l'élimination. J'ajoute que vous serez chronométrés, donc veillez à vous dépêcher. Je classerai les vingt-cinq premiers selon leur temps et leur score. Les autres échouent.

Il y a pas mal de gémissements et de regards inquiets. Quelques aspirants semblent persuadés que c'est perdu d'avance pour eux. Ils ont tort de se montrer si pessimistes.

— Formez deux rangs.

Tout le monde se précipite pour lui obéir. Je n'aime pas ça, j'ai l'impression qu'Artémis ne nous a pas tout dit.

— J'oubliais !

Ben voyons.

— Vous concourrez deux par deux. Chacun des deux partira d'une direction différente et vous vous rejoindrez à l'écurie. Rang numéro un, vous allez partir de cette direction… Rang numéro deux, de ce côté. Compris ?

Je regarde qui se trouve en face de moi et qui sera donc mon opposant dans la course : Isobel. OK, je ne risque pas grand-chose. Cette fille sait à peine monter, je l'ai vue tomber à tous les cours. Quand je vois qui est l'adversaire de Georgina, mon cœur se serre : c'est Revana ; elle est prête à tout pour gagner, même à tricher. Non. Je bouscule Georgina pour prendre sa place.

— Fais-moi confiance, je chuchote.

Artémis, qui avance lentement entre les deux rangs, n'a rien vu.

— Placez-vous correctement en face de votre adversaire. Repérez bien contre qui vous allez concourir, crie-t-elle.

J'adresse un sourire éblouissant à Revana.

Comme il y a une dizaine d'aspirants avant nous, je ne passerai pas avant une bonne heure. Mais je reste attentive, le temps file toujours trop vite et regarder les autres n'est pas du tout ennuyeux.

Lucian est à deux personnes de moi. Juste avant de s'élancer, il se retourne et m'adresse un clin d'œil. Je lève le pouce (celui qui a un énorme pansement), ce qui le fait rigoler. Il est opposé à Hella, qui n'est franchement pas douée avec les animaux. De toute façon, Lucian est le meilleur au dressage.

Au coup de sifflet d'Artémis, il attrape son arc et son carquois posé à ses pieds, et sprinte vers l'écurie. Hella court comme une gazelle, elle arrive avec une microseconde d'avance sur Lucien. C'est aussi elle qui ressort la première, juchée sur une licorne.

Les licornes sont des créatures véloces, elles surpassent souvent les chevaux.

Plusieurs secondes s'écoulent, je me demande ce qui retient Lucian. Soudain, il émerge à travers un trou dans le toit sur Pégase ! Durant notre formation, il était l'un des rares que le cheval ailé semblait apprécier. Peu d'aspirants pouvaient s'en approcher, la bête renâclait systématiquement.

Des vivats et des cris de joie éclatent alors que Lucian dirige sa monture d'une main de maître vers le parcours du combattant. Même Artémis sourit à ce spectacle. Lucian place toutes ses flèches dans le mille et revient avant Hella.

Il descend de son cheval sous les applaudissements.

— Bien joué, lui dit Artémis.

— Merci.

Lucian nous salue avec une profonde courbette, les acclamations se déchaînent. Je ris de bon cœur. Ça fait du bien, surtout pour se détendre avant l'épreuve.

Mon tour arrive. J'ai presque du mal à respirer tant mon cœur est affolé. Le coup de sifflet retentit, j'attrape l'arc et les flèches et cours comme jamais. Je suis au coude à coude avec Revana.

Une fois dans l'écurie, elle fonce sur un griffon. Cela ne m'étonne pas, je l'ai déjà vue s'entraîner sur eux. Mais au passage, cette garce donne des coups de pieds dans les portes de toutes les stalles, ce qui déclenche une folle effervescence. Alors qu'elle est déjà à califourchon sur son griffon, je ne peux même pas approcher d'une bête. Je hais cette fille qui ne respecte rien ni personne.

Les licornes agitent la tête, ce qui fait de leur corne une arme mortelle. Les griffons piaffent, grognent en fouettant l'air de leurs serres géantes. Autant oublier Pégase : il ne m'a jamais encadrée, ce n'est pas aujourd'hui que je vais me risquer à le monter. Les chevaux cracheurs de feu se déchaînent, des flammes jaillissent de leurs naseaux. Du coup, je n'ai plus qu'une seule option, qui se tient à l'écart des autres : Aéthon, un cheval cracheur de feu, le plus gros d'entre tous… et la monture personnelle d'Arès.

Aéthon mâchouille tranquillement de l'avoine en me regardant approcher, sa queue oscillant comme s'il n'en avait rien à faire de tout ce chahut. Il est gigantesque, ma tête n'arrive même pas au milieu de son ventre.

— Salut, beau gosse, ça te dirait de faire un tour ?

OK, ce n'est pas la meilleure entrée en matière avec cette monstrueuse bestiole, mais je suis un peu tétanisée.

Aéthon avale son avoine, gratouille la paille qui est sous ses sabots, puis, contre toute attente, se déplace légèrement pour m'offrir son flanc. Incroyable !

Je cours jusqu'à lui, prends mon élan et hop ! je saute sur son dos. Je m'agrippe à sa longue crinière noire et lui donne des coups de talon. C'est parti ! Nous fusons hors de l'étable comme un boulet de canon. J'entends un « Oh » collectif alors que je dirige ma monture vers le parcours du combattant. Je dois rattraper Revana, qui a pris de l'avance sur moi.

Assise bien droite sur le cheval, je vise et touche la première cible placée en haut d'un arbre. Puis Aéthon ne fait qu'une bouchée de l'obstacle – un tas de bûches –, qu'il survole allègrement. Dès que ses sabots touchent à nouveau le sol, je décoche ma deuxième flèche sur la cible suivante, au ras du gazon.

Alors que j'avance dans la partie peu boisée, j'entends le griffon de Revana crier et battre des ailes. Malgré l'agilité de sa monture, je sais qu'elle va avoir du mal à la maîtriser : à cause de son envergure, le griffon ne pourra pas descendre aussi bas qu'elle le voudra pour viser les cibles basses. Il se montre pataud sur la terre ferme, elle n'avait qu'à y penser avant. Lucian n'a sans doute pas eu ce problème avec Pégase, qui est vif aussi bien dans les airs que sur le sol.

Après avoir atteint six cibles d'affilée, j'arrive presque à la hauteur de Revana. Son griffon pousse des cris suraigus, mais Aéthon reste stoïque. Il suit la piste, qu'il dévale comme une locomotive. Rien ne l'arrête, sûrement pas un griffon surexcité avec une furie sur son dos !

Je vise maintenant ma septième cible, près de laquelle se trouve Revana. Tant pis, je tire.

— T'as failli me toucher ! hurle-t-elle.

— Mais je ne l'ai pas fait.

Elle sort alors une flèche de son carquois, l'arme sur son arc et pivote vers moi. Après un rapide coup d'œil, je constate qu'elle n'a aucune autre cible que ma personne.

— Tu vas gâcher une flèche, Revana.

— Ça m'étonnerait ! ricane-t-elle méchamment.

Elle tire. La flèche passe près de ma tête en sifflant. Je sens le déplacement d'air et la vibration dans mon oreille droite. Cette fille… Je sais qu'elle est très en colère, qu'elle rêve de me voir échouer, mais de là à essayer de me tuer ? Je ne la croyais pas capable d'aller jusque-là ; de toute évidence, je me trompais.

Cette fois-ci, Aéthon se rebiffe. Lui aussi a senti cette flèche qui aurait pu le toucher. Il se cabre, éructe un jet de feu dont les flammes viennent lécher les sabots du griffon. Ce dernier réagit en se cabrant brutalement, ce qui manque de désarçonner Revana. Bien fait.

Alors que je la dépasse au galop, je me retourne et lui offre mon plus beau doigt d'honneur.

Aéthon hennit, je jurerais qu'il se bidonne !

Je parviens à mettre dans le mille pour mes dernières cibles, puis nous quittons le parcours en trombe et revenons sur la ligne d'arrivée. Je suis accueillie par quelques applaudissements. Revana me rejoint laborieusement quelques minutes plus tard.

Une fois que j'ai mis pied à terre, Aéthon vient me renifler et frotte son museau sur mon ventre, me faisant perdre l'équilibre. Ha, ha ! Il a de l'humour, ce gaillard ! Puis le cheval d'Arès regagne tranquillement son écurie en trottant. Merci, l'ami.

Artémis s'approche de moi, toujours juchée sur son cheval.

— Personne d'autre qu'Arès n'a jamais monté Aéthon, me fait-elle remarquer.

— Alors, ne le dites pas à Arès.

— OK, répond-elle avec un sourire.

Quand Revana, toujours aussi butée et en colère, me bouscule, je l'attrape par le bras. Cette fois-ci, je ne la laissera pas s'en tirer comme ça.

— Je te préviens, Revana : je laisse couler à cause de ce qui s'est passé à l'examen de Pythie, mais la prochaine fois je riposterai.

Elle dégage son bras sans un mot et s'éloigne. On est quittes, maintenant.

Georgina est la prochaine à concourir, je l'embrasse, lui souhaite bonne chance et lui glisse un petit conseil :

— Choisis une licorne, les griffons sont trop difficiles à manœuvrer.

Elle hoche la tête, puis le coup de sifflet retentit. Mon amie sprinte vers l'écurie et moins d'une minute plus tard en ressort sur une licorne. Parfait. Elle devance Isobel de quelques secondes. Cette idiote a certainement voulu faire comme sa copine Revana : elle est perchée sur un griffon, qui a l'air de fort mauvaise humeur. Paf, Isobel est par terre en moins de deux ! La voilà qui tente de grimper à nouveau, mais le griffon ne l'entend pas de cette oreille : il repart à l'étable sans sa cavalière. C'est à mourir de rire !

Maintenant, Isobel trépigne de rage, Artémis ne peut l'ignorer et s'approche.

— Va te chercher une autre monture.

Non, Isobel secoue la tête. Au moins, elle est lucide. C'est inutile, elle n'a plus le temps. L'épreuve est ratée pour elle.

— Donc tu déclares forfait ? insiste Artémis. OK, c'est fini pour toi.

Georgina revient avec le sourire aux lèvres. Je lui fais la fête et l'accueille à bras ouverts.

— Je suis trop fière de toi, ma Georgie !

— C'est grâce à toi. Je n'aurais jamais réussi sans ton aide. Merci, Melany.

Nous partons nous asseoir bras dessus, bras dessous et regardons la course de Jasmine. Elle a choisi un cheval cracheur de feu et effectue son parcours à toute allure. Mais quand elle revient devant nous, elle n'a pas l'air contente.

— J'ai raté trois cibles, se lamente-t-elle.

On la console et on l'entoure du mieux possible.

— Allez, Jasmine, ce n'est qu'une épreuve sur douze. Tu as réussi toutes les autres jusqu'à maintenant.

Je lui adresse un sourire optimiste, alors que je suis loin d'être rassurée avec ce qui nous attend demain. L'épreuve de Poséidon. Ma bête noire.

Jasmine est une excellente nageuse, mais j'ai entendu dire que ce n'était pas forcément suffisant. Poséidon est réputé pour ses examens impossibles.

Une fois que l'épreuve est terminée pour tout le monde, Artémis annonce les résultats : je suis première, Lucian est deuxième à quelques secondes près. Georgina, Ren et Mia ont réussi, Revana passe de justesse. Isobel a échoué, bien sûr ; et, malheureusement, Diego aussi.

On approche de la fin, il ne reste plus que quatre examens : ceux de Poséidon, Arès, Zeus et Athéna. Ces dieux-ci vont nous pousser aux limites de nos capacités. J'ai peur, pas pour moi, mais pour mes amis.

Je ne veux pas les perdre. Ils sont tout ce qu'il me reste au monde.

CHAPITRE 24
MELANY

Nous sommes au garde-à-vous au bord du lac que Lucian et moi avions découvert lors d'un vol nocturne. Je n'arrête pas de trembler. Pas de peur – enfin peut-être un peu : c'est surtout mon adrénaline qui s'active déjà. Nous portons des combinaisons rouges et noires ainsi que, pour ceux qui le souhaitent, des lunettes de plongée. C'est mon cas, tout comme Jasmine et Georgina. En revanche, je remarque que Ren et Lucian ont préféré s'en passer.

Poséidon se tient fièrement devant nous, poings sur les hanches, les pieds dans l'eau qui clapote.

— Salut, les marins d'eau douce ! Mon épreuve va tester vos limites. Ce lac fait un peu plus de six kilomètres de large, vous avez trois heures pour nager jusqu'à la rive opposée. Il y a une plateforme de repos au milieu, bande de feignants. Cependant, vous êtes en compétition avec vos pairs : les vingt-cinq premiers nageurs à atteindre la plage d'en face réussissent l'épreuve ; les autres sont dégagés à coups de pied au cul !

Nous y sommes, voici le premier défi en individuel. Je n'ai pas l'intention d'être un boulet pour mes amis ou d'en laisser un à la traîne. J'attrape déjà la main de Lucian pour l'attirer plus près. Il me fixe en fronçant les sourcils.

— Quoi qu'il arrive, Lucian, ne t'arrête pas pour moi. OK ?

— Blue, qu'est-ce que…

— Tu dois réussir cette épreuve, Lucian. Concentre-toi uniquement là-dessus. Tu promets ?

Je plonge mes yeux dans les siens et lui serre très fort la main pour qu'il me prenne au sérieux.

Il me sonde en silence durant quelques secondes, puis finit par hocher la tête.

— D'accord, je te le promets.

Bien. Je lâche sa main et reporte mon attention sur Poséidon.

— Vous pouvez utiliser vos compétences comme bon vous semble. (Un lent sourire se dessine sur son visage.) Mais pour info, vous n'êtes pas seuls dans l'eau !

Pigé : tous les coups sont permis. Ce dieu aime les carnages, c'est décidément un sadique.

À quelques mètres du bord, alors que l'eau était tranquille il y a trois secondes, on voit maintenant des ondulations se dessiner. Une petite nageoire fend la surface, puis une autre, encore une autre, jusqu'à ce qu'il y en ait neuf. Elles tournent en rond avec de gros bouillonnements.

Jasmine m'attrape le poignet, elle tremble comme une feuille.

— C'est une hydre.

Couverte par les *splatch* des éclaboussures et vaguelettes qui viennent mourir à nos pieds, sa voix est à peine audible. Malheureusement pour nous, le lac n'est plus du tout calme et tranquille.

— Tu en es sûre ? Ça n'avait pas l'air très gros.

— Les nageoires qu'on a vues ne sont qu'une parmi toutes celles qui ornent chacune de ses… neuf têtes, Mel. On n'a encore rien vu.

Je déglutis péniblement. Le bébé Charybde n'était rien comparé à la perspective d'un gigantesque dragon des mers à neuf têtes.

J'entraîne Jasmine avec moi et me réfugie auprès de Georgina, Lucian et Ren. Mia nous rejoint, inquiète. Il nous faut une stratégie pour vaincre ce monstre.

— On doit rester le plus possible en groupe, les amis. J'ai le sentiment que l'union et le nombre feront la force.

Ils sont d'accord avec moi.

Poséidon ne tarde pas à souffler dans son coquillage qui lui sert de corne de brume. La course commence.

Nous entrons dans l'eau en essayant de demeurer au plus proche les uns des autres. La traversée sera longue, mais nous pouvons réussir, j'en suis certaine. Une réussite collective serait géniale, même s'il vaut mieux que Ren et Lucian, qui ont déjà deux échecs au compteur, n'aient pas à se sacrifier… en tous les cas, pas à mon profit.

Ren et Lucian prennent la tête du groupe, nous suivons derrière. J'aspire à pleins poumons, puis plonge et ondule comme un poisson, une technique qui permet de se propulser plus vite qu'en surface. Les filles font comme moi, nous progressons avec efficacité.

Quand je remonte respirer, j'en profite pour jeter un rapide coup d'œil en arrière et estimer notre position par rapport aux autres aspirants. C'est bon, nous avons déjà bien avancé et disposons de forces pour accélérer en fin de parcours.

Au bout d'une heure, la fatigue commence à se faire sentir, des muscles me tiraillent un peu. Georgina lutte aussi, je la vois même boire la tasse et s'étrangler.

— Au prochain plongeon, accroche-toi et laisse-toi porter, je lui enjoins.

— Tu es sûre ?

— Archisûre.

Hop, c'est parti ! On prend chacune une grande inspiration et je plonge avec Georgina, accrochée à mon pied. Je me concentre pour propulser mon corps en avant comme un dauphin. Je vais moins loin et moins vite, mais j'aide mon amie à conserver son énergie, alors cela en vaut la peine. Nous continuons tant que je peux, jusqu'à ce qu'une crampe me freine.

La plateforme est tout près. Quelques nageurs ont déjà grimpé dessus pour se reposer. En théorie, c'est tentant, mais, par expérience, je sais qu'ils ne pourront pas détendre suffisamment leurs muscles endoloris. Lorsqu'ils retourneront à l'eau, ils auront perdu en concentration et en temps. Et cela ne m'étonnerait pas qu'ils souffrent ensuite de méchantes crampes. Je préfère donc masser mon mollet quelques minutes et repartir.

À mi-chemin, je continue d'être optimiste. Ren et Lucian nous ouvrent toujours la voie, ils n'ont pas perdu leur cadence. Nous sommes comme une volée de moineaux dans leur sillage. L'écart s'est creusé derrière nous, le gros du peloton est assez loin. Un aspirant s'accroche en nageant à notre rythme. À en juger par la masse de cheveux bouclés, je crois que c'est Marek.

Le rivage est en vue, j'ai le sourire aux lèvres, quand un cri d'effroi me pétrifie.

— Je viens de la sentir ! Elle est juste en dessous !

C'est Diego, qui s'agite comme un diable.

— Arrête ! Tu vas l'attirer davantage ! crie Revana en s'éloignant de lui. T'es con ou quoi ?

— C'est pas un requin, putain ! C'est une hydre, s'agace Diego.

Un second cri est poussé en provenance d'un autre groupe. Près de moi, Georgina commence à se débattre.

— Ne panique pas. Concentre-toi sur le rivage. On y est presque.

Puis la tête de Diego disparaît dans l'eau. Dans un rayon de dix mètres, tout le monde hurle. Y compris Georgina.

— Lucian !

Il se tourne vers moi.

— Quoi ?

— Il est arrivé quelque chose à Diego.

Ren et Lucian reviennent vers moi.

— Qu'est-ce qu'on fait ? demande Ren.

— Lucian, accompagne Georgina, Jasmine et Mia jusqu'à la plage, d'accord ?

Il fronce les sourcils.

— Mel… Diego ne ferait rien pour toi.

— Je sais.

— Va avec les filles, Lucian, j'accompagne Mel, renchérit Ren.

— Non, Diego est mon ami. C'est à moi de…

— Je peux manipuler l'eau, et Mel et moi pouvons retenir notre respiration plus longtemps que n'importe qui, l'interrompt Ren.

Je caresse la joue de Lucian.

— Souviens-toi de ta promesse.

Il cède en soupirant, puis nage vers les filles. C'est bon : Georgina, Jasmine et Mia sont prises en charge, je suis soulagée.

— Ren, t'es prêt ?

— Prêt.

Nous prenons une très, très grande inspiration et plongeons en même temps, les poumons gonflés à bloc. Il ne nous faut pas longtemps pour repérer l'hydre. Cette créature est énorme. Voir ce monstre nager à cinq mètres sous un groupe de nageurs est un spectacle terrifiant. On dirait qu'elle se délecte à l'idée d'aspirer un innocent.

Diego lutte pour s'extraire des mâchoires de l'une de ses neuf têtes. Il ne perd pas de sang, donc la bête n'a pas enfoncé ses crocs en lui. C'est juste un jeu malsain orchestré par Poséidon, sans intention de faire de mort.

Nous nageons vers la bête. Quelques têtes nous remarquent, mais cela ne semble pas troubler l'hydre le moins du monde. Ren agite les mains, un petit cyclone commence à se former devant lui. Il le fait grossir puis l'envoie tournoyer vers la tête de l'hydre qui détient Diego.

Quand le cyclone frappe, la tête ouvre les mâchoires. Je file vers Diego pour attraper sa main et le remonter à la surface. Quelques instants de plus, et il buvait la tasse. C'est bon, nous sommes hors de l'eau. Diego tousse, crache, vomit. Je lui flanque une bonne tape dans le dos pour l'aider. Ren me rejoint.

— Allez, Diego, il faut y aller.

Au loin, j'aperçois Lucian et les filles émerger du lac et se laisser tomber sur le sable. Revana n'est pas loin derrière eux, comme le plus gros du groupe. Derrière moi, je repère une dizaine de retardataires qui luttent encore.

J'ai peu de chances de figurer parmi les vingt-cinq premiers. Pour moi, cela n'a pas d'importance, mais pour Ren, cela ferait un troisième échec.

— Pars devant, Ren.

— Et toi ?

— Ne t'inquiète pas pour moi.

Il plonge aussitôt. Je sais qu'il a la volonté et la vigueur pour rattraper son retard. Il peut encore sauver son classement.

Je continue de nager à la vitesse de Diego, qui a l'air crevé et sur le point de couler à tout moment. À défaut de valider cette épreuve, j'aurai la conscience tranquille, ce soir.

Mais voilà que l'eau se remet à bouillonner sous moi. J'arrête de nager pour jeter un coup d'œil sous la surface. J'ai l'impression de flotter dans une casserole de liquide en ébullition. L'hydre est là, pas contente du tout en plus.

Le bouillonnement enfle, les bulles grossissent de plus en plus, me soulèvent au-dessus de la surface. Puis une énorme vague se forme, nous soulevant tous les trois, Diego, Ren et moi. L'hydre émerge telle de la lave hors d'un volcan, nous sommes propulsés au sommet de la vague comme des brindilles. Ce tsunami nous envoie valdinguer sur la plage.

Je préfère fermer les yeux. Quand je les rouvre, je crache mes poumons sur le sable. Poséidon m'observe avec un sourire goguenard.

— Je valide votre épreuve ! Vous avez réussi, tous les trois.

Choquée, j'ouvre de grands yeux.

— Ah bon ?

Lucian, Georgina, Jasmine et Mia se précipitent vers nous. Ren semble aussi abasourdi que moi et Diego est trop sonné pour avoir remarqué qu'il était hors de l'eau et hors de danger.

Lucian me serre dans ses bras et m'embrasse.

— Trop forte ! Vous avez surfé sur la vague et battu le reste du groupe !

Je n'arrive pas à le croire ! Nous avons réussi, alors que nous étions super à la traîne. Après une multitude d'embrassades et de félicitations, l'épuisement me terrasse. Ren a l'air exténué, mais je dois le remercier avant qu'il parte se coucher.

— Merci, Ren. Sans toi, je n'y serais pas parvenue.

— De rien.

Ce soir-là, alors que j'ai l'intention de m'écrouler tout habillée, je trouve une petite boîte sur mon lit. Il y a une inscription dessus. « Pour ta bravoure face à l'adversité. P. »

Je m'empresse de l'ouvrir et découvre… une méga-barre protéinée ! Ha, ha ! Poséidon a de l'humour, finalement. J'en mange trois bouchées et m'endors dès que je pose la tête sur l'oreiller. Une nuit sans rêve, le meilleur sommeil qui puisse être.

Le lendemain matin, je me sens revigorée pour affronter cette nouvelle journée. J'ai besoin d'énergie pour l'examen d'Arès.

Je tresse mes cheveux bien serré, j'enfile un short et un tee-shirt et me dis face au miroir que je suis prête à relever n'importe quel défi.

Le rassemblement est prévu sur le terrain sud. Arès est déjà là, bien sûr. Derrière le dieu se tiennent plusieurs guerriers, dont Héraclès et Antiope. Il paraît qu'elle est une des plus grandes guerrières qui aient jamais existé. Elle en impose.

Comme toujours, Arès s'exprime en braillant comme un âne :

— Aujourd'hui, il s'agit d'un combat singulier. Vous pouvez choisir le type de bataille : épée, lance ou corps-à-corps. Votre choix déterminera aussi le guerrier que vous affronterez. (Il fait signe à ses acolytes d'approcher.) Autrefois, vous auriez eu droit à un combat à mort, mais aujourd'hui, tas de mauviettes, vous vous battrez jusqu'à ce que votre adversaire sonne la fin. Seuls mes guerriers déclareront votre victoire ou votre échec. Compris ?

Personne ne moufte.

Ensuite, il nous fait défiler devant lui pour que chacun annonce son choix. L'épée pour Jasmine, la lance pour Georgina, l'épée aussi pour Lucian. Quand mon tour arrive, j'annonce le corps-à-corps.

Le sourire d'Arès s'élargit, je commence à me demander si j'ai pris une mauvaise décision.

— Antiope sera ton adversaire.

La guerrière mesure près de deux mètres, c'est une force de la nature. Ses longs cheveux dorés sont coiffés en tresse, elle et moi avons au moins un point en commun ! Ses muscles roulent alors qu'elle s'avance vers moi. Arès éclate de rire en voyant ma tête.

— Amuse-toi bien, Richmond. J'informerai Chiron de te préparer un lit à l'infirmerie.

Et ce perfide d'Arès s'éloigne, satisfait de lui.

Je ne me laisse pas ébranler par sa moquerie ; de toute façon, je n'ai pas besoin de battre Antiope. Si je parviens à lui prouver ma valeur en tant qu'adversaire, ce sera déjà très bien. Je suis rapide et agile, deux qualités qui peuvent aider contre une armoire à glace. J'ai réussi à gagner plusieurs fois contre Héraclès durant l'entraînement.

Antiope se campe face à moi, je suis prête et lui adresse un signe de tête. Pour commencer, je recule de quelques pas parce qu'elle a une portée de bras plus longue. Si elle a une trop bonne prise sur moi, ce sera emballé en trois secondes, je perdrai à plate couture. Ma meilleure défense est une attaque solide. Je dois agir vite et frapper là où ça fait mal.

Dès qu'elle se met en garde, je me déplace – je suis aussi très souple sur mes jambes, comme un Zébulon. J'esquive son premier crochet du droit et lui décoche un coup dans l'abdomen. Aïe ! j'ai l'impression d'avoir cogné dans un bloc de granit. Je recule à nouveau, mais en dansant autour d'elle comme une mouche. Elle n'aime pas ça, découvre le flanc, *bing !* je frappe. Cette fois, elle tressaille, j'ai touché un point sensible.

Avant que je puisse la contourner, elle vire sur sa droite et me balance une gifle du revers de la main. La douleur explose dans ma joue. J'ai un goût de sang dans la bouche. Le coup m'a surprise, j'en ai perdu l'équilibre. Allez, Melany. Je reviens dans le combat. Je dois éviter d'être frappée à la tête, ses poings sont des têtes de bélier. Antiope est très forte, plus forte que moi, un autre coup me fera tomber sur les fesses. Donc il faut que je sois plus sournoise, calculatrice pour la surprendre.

J'aperçois un petit sourire se dessiner sur son visage. OK, elle s'amuse avec moi, c'est vexant. Boostée par une poussée d'adrénaline, je prends de l'élan, me propulse dans les airs, le pied droit en avant… Bingo, dans sa tronche ! Elle réagit vite en m'attrapant par le bras pour le faire tournoyer au-dessus de sa tête comme un torchon sale. *Mamma mia.* J'atterris sur le coccyx, l'impact me fait claquer les mâchoires. Ouille ! Je crois que je me suis mordu la langue, le sang gicle de plus belle dans ma bouche.

Argh. Je ne peux pas la laisser gagner. NON.

Je me remets sur pieds, la contourne en sautillant par la droite et la frappe au flanc. Elle abaisse son coude pour se protéger. Je me déplace et saute à califourchon sur son dos. Ha, ha ! J'enroule un bras autour de sa gorge avant qu'elle ait le temps de baisser le menton et je serre. Même une armoire à glace a besoin d'air.

Je serre comme une malade et résiste quand ses mains cherchent à me déloger. Mes jambes sont des lianes enroulées autour d'elle, mes chevilles sont verrouillées sur son nombril. Elle sera obligée de se rouler par terre pour que je dégage. Je suis une moule collée à son rocher, tu ne me décolleras pas de là !

J'entends des encouragements. Mes amis me regardent.

— Lâche pas, Blue !

— Tu l'as eue !

Après quelques secondes dans cette position, Antiope me tapote la main. Fin du combat. Je lâche tout et me laisse glisser au sol. Mon adversaire se tourne vers moi en se frottant la gorge. Une marque violette commence à s'épanouir.

Antiope me tend la main.

— Joli travail. Je valide ton épreuve.

Génial ! Je bondis comme un kangourou, je suis trop contente ! Ce combat m'a donné du fil à retordre. Lucian est là pour me serrer dans ses bras.

— Tu es incroyable, Blue.

Et il m'embrasse devant tout le monde. Pas un petit bisou, un vrai baiser de cinéma ! Il y a des « Ooooh » et des sifflets. Mais tout s'arrête d'un coup. Arès surgit et nous sépare.

— Ça suffit, Roméo. À ton tour.

— Bonne chance, Lucian !

Je le regarde s'éloigner avec une épée et son bouclier. Il va avoir pour adversaire Achille, le plus grand guerrier de tous les temps. J'ai une petite sueur d'angoisse pendant qu'ils se battent, mais je me raisonne : Lucian se bat comme un lion, je sais qu'il a l'étoffe d'un guerrier redoutable.

Le combat cesse lorsque Achille pique la pointe de sa lame dans le cou de Lucian. Le dieu lui tend la main. C'est bon ! Il confirme à Lucian qu'il a combattu avec courage et vaillance.

Lucian a validé l'épreuve.

C'est une excellente journée, tous mes amis ont réussi. Il ne nous reste plus que deux examens et ce sera fini, nous connaîtrons enfin notre clan.

Ensuite commencera le véritable entraînement. Bientôt, nous intégrerons l'armée des dieux.

CHAPITRE 25

MELANY

C'est le jour de Zeus. Tout le monde est nerveux, ça se comprend. Ça ne sera facile pour personne. Après le petit déjeuner, on nous demande de rallier le centre d'entraînement principal, Zeus oblige !

— Bienvenue, l'heure de la foudre est arrivée, fanfaronne Zeus.

J'ai envie de lui arracher la barbe poil par poil tellement il m'énerve.

— Mon épreuve est difficile, la plupart d'entre vous vont échouer, je le sais.

Il frappe dans ses mains pour invoquer un grondement de tonnerre qui secoue les fondations de l'édifice. Le sol bouge sous nos pieds. Une lumière éblouissante jaillit entre ses mains, Zeus écarte lentement ses paumes pour étirer la foudre comme un élastique. La lueur est aveuglante.

— Vous connaissez le principe, mais je vous le réexplique au cas où ! s'amuse-t-il. Chacun de vous doit saisir la foudre à deux mains, puis la lancer sur la cible. Sachant que, ah, ah ! la majorité d'entre vous ne sera même pas capable de la tenir, encore moins de la lancer.

Mais pour les rares qui y parviendront, bravo, vous aurez validé mon épreuve.

Il plante son épée de lumière dans le sol.

Je suis scotchée : c'est ça, l'épreuve ? Se dépêcher d'attraper et de lancer ? Merde alors, et mes deux minutes d'endurance avec l'éclair dans les mains, c'était un traitement de faveur ? De la torture, oui !

— Melany Richmond, viens donc t'asseoir ici avec moi pour observer, puisque tu es déjà passée par la foudre !

Je tope rapidement dans les mains de mes amis pour leur souhaiter bonne chance et vais me placer à côté de Zeus. Je suis vraiment aux premières loges.

Quand le premier aspirant s'avance, je retiens mon souffle… C'est raté pour lui. Je les regarde ensuite tenter l'impossible un à un : tenir un morceau de foudre incandescente dans les mains. Certains hurlent de douleur dès la première décharge électrique. Ça empeste une odeur de chair et de cheveux grillés. Zeus s'amuse comme un petit fou.

Jasmine, Ren, Mia se présentent, tentent, puis échouent. Mon cœur se serre pour chacun d'eux. Puis c'est au tour de Georgina. Je me mords la lèvre en la voyant tendre ses mains vers la matière grésillante. Elle grimace mais ne lâche pas l'éclair. En fait, elle a même l'air de gérer.

Elle se tourne avec la foudre qui repose sur ses paumes, puis elle la lance à travers la piste. Elle manque la cible, mais cela n'a pas d'importance. Georgina a réussi l'impossible !

Alors qu'elle m'adresse un clin d'œil, je remarque seulement alors que ses chaussures sont pleines de terre. Ah, ah ! Elle est brillante : grâce à son affinité avec la terre, elle a créé une couche isolante. Je crois que Zeus l'a remarqué aussi parce qu'il s'agite un peu. N'empêche que ce n'est pas de la triche, donc il n'a rien à dire.

Lucian est le dernier aspirant à concourir. J'ai l'impression qu'il a attendu son heure et observé les autres. J'espère qu'il a trouvé un truc. Il se met en position, me jette un petit coup d'œil, puis inspire profondément. Je lève le pouce pour l'encourager.

C'est parti, le voilà qui enroule les mains autour de l'éclair… puis il marque une pause. On dirait qu'il cherche à acclimater son corps au courant électrique. Oui ! Il soulève ensuite l'épée de foudre, se tourne vers la cible et la lance de toutes ses forces avec un cri sauvage. L'éclair va se planter dans le mille avec un sifflement.

On entend un tonnerre d'applaudissements ! Même Zeus applaudit, ce qui fait à nouveau trembler le bâtiment. Je cours vers Lucian et me jette dans ses bras. Je remarque qu'il n'a même pas les mains rouges.

Parce que c'est la veille de notre dernière épreuve, Zeus nous autorise un dîner tous ensemble dans le réfectoire avant le couvre-feu. On a même le droit d'ajouter des desserts qui ne sont pas dans le régime alimentaire imposé.

Nous sommes donc assis tous les six à notre table, en train de nous gaver de gâteaux au chocolat et de crèmes glacées. On parle et on rigole beaucoup sans penser au lendemain. Aucun de nous ne fait remarquer que cela pourrait être notre dernière soirée ensemble. De toute façon, même si on réussit, personne ne sait ce qui se passe après qu'on rejoint les clans. Peut-être qu'on ne se reverra jamais même si nous validons tous les six… Du moins jusqu'à ce qu'il y ait une guerre et que les dieux aient besoin de nous pour combattre.

Je chasse bien vite ces pensées sombres de mon esprit afin de profiter au maximum de cette soirée avec mes meilleurs amis et le garçon dont je suis tombée amoureuse.

La nuit qui suit, les mauvais rêves reviennent, peuplés d'ombres et d'obscurité. Cette fois, je sens une présence dans les ténèbres. Une main se tend vers moi en me demandant quelque chose. Demande à être avec moi. Je n'ai pas peur des ténèbres, elles ne m'ont jamais rien fait de mal… alors j'accepte.

En me réveillant le lendemain matin, je me sens bien reposée et revigorée. Une forme de paix intérieure m'habite alors que nous nous dirigeons vers un champ de bataille à l'ancienne, avec des murs de pierre derrière lesquels se cacher et des tranchées dans lesquelles sauter. Le soleil brille dans le ciel d'azur, ses rayons se reflètent sur Athéna, qui resplendit au milieu du terrain.

Comme toujours, elle est tirée à quatre épingles : aujourd'hui, elle porte une toge traditionnelle et un bandeau doré sur ses boucles. La blancheur de sa robe contraste avec sa peau sombre, une vraie déesse de la mythologie.

Arès est le dieu de la Guerre, mais Athéna semble en savoir plus sur cet art que toute autre divinité de l'Academy. Aujourd'hui, nous devons lui montrer ce que nous avons appris. Son épreuve s'annonce comme une bataille au sens propre.

— Bienvenue, aspirantes et aspirants. Dans mon épreuve, vous allez combattre les meilleurs guerriers qui soient sortis de cette académie. Vous les connaissez tous… (Comme une présentatrice de gala, elle pointe les dieux qui s'avancent sur le terrain.) Héraclès, Méduse, Achille, Antiope, Hélène de Troie et Bellérophon.

Les six champions inclinent la tête pour nous saluer. Ça m'agace toujours de voir les cheveux de Méduse s'agiter tout seuls.

— Le but est d'aller s'emparer du drapeau de l'équipe adverse. C'est donc un travail d'équipe.

Bon, cela semble relativement facile… ou, du moins, pas trop compliqué. Athéna reprend la parole. Aïe, il y a une suite.

— Au lieu de pistolets de paintball et de pastilles de peinture, vous emploierez des arcs, des épées ou toute autre arme à votre disposition.

Un murmure anxieux s'élève dans les rangs.

— Pas de panique ! Les flèches et les épées sont émoussées, vous ne mourrez pas sur le champ de bataille… mais vous serez très certainement blessés !

La déesse jubile. Super, moi qui n'avais pas assez de cicatrices.

— Formez des équipes de dix. Si vous capturez le drapeau ennemi, c'est-à-dire celui de mes champions, vous réussissez l'épreuve ; si vos adversaires capturent le vôtre, vous échouez. (Elle marque une pause et nous lance un regard supérieur.) Ne sous-estimez pas mon épreuve. En soixante-dix ans, seules deux équipes ont remporté la victoire.

Ambiance, ambiance.

Nous formons rapidement une équipe : Jasmine, Georgina, Mia, Lucian, Ren, Marek, Hella, Diego, que Lucian a convaincus de nous rejoindre, Osie, une fille posée, virtuose du tir à l'arc, et moi. Pour certains d'entre nous, cet examen est capital : le destin de Ren, Georgina, Marek et Diego est suspendu à ce fil. Je jure de tout faire pour que nous gagnions cette bataille.

Nous nous munissons d'armes. Je choisis un arc et un carquois de flèches, je me débrouille mieux qu'avec une épée ou une lance. Lucian prend une épée, bien sûr.

Une fois que nous sommes prêts, nous nous réunissons à l'écart pour rapidement discuter d'une stratégie. Chaque minute compte, la cloche du départ va bientôt retentir.

— Comment on va réussir à les battre ? se lamente Mia, déjà vaincue. Vous avez entendu Athéna : personne ne gagne jamais à son épreuve. Quelle peau de vache.

— On n'a pas besoin de les battre, je réponds. Il faut juste les distraire assez longtemps pour que l'un de nous se faufile et s'empare de leur drapeau.

— Ils laisseront sûrement quelqu'un pour monter la garde auprès de lui, fait remarquer Lucian.

Pour l'instant, les champions bavardent ensemble, Méduse a même l'air de s'ennuyer. Bon, c'est dans leurs gènes de gagner alors mieux vaut ne pas se fier à leur attitude nonchalante. Tout ça n'est qu'un jeu d'enfant pour eux, une occupation rasoir parmi toutes celles auxquelles ils vaquent depuis des décennies. S'ils se montrent arrogants, nous pourrons peut-être en profiter…

— J'ai une idée !

J'attrape une petite branche et je commence à dessiner sur le sol sableux. Mes amis m'écoutent attentivement.

Lorsque la cloche annonce le début de l'épreuve, nous quittons notre base, sauf Georgina et Marek. Ils sont chargés de demeurer en arrière pour déclencher le piège quand ce sera nécessaire. Le reste d'entre nous se divise en deux groupes et s'éloigne par des chemins opposés.

Lucian, Ren et Rosie avec moi ; Jasmine mène Diego, Mia et Hella.

Mon groupe court se mettre à l'abri derrière le muret à moitié écroulé ; certaines pierres sont piquetées de trous, comme si quelqu'un s'était énervé dessus. On comprend vite pourquoi lorsque nous sommes la cible d'une volée de flèches. J'entends les pointes ricocher tout autour de nous. Par une fente dans le mur, j'aperçois Achille, au sommet d'une butte, en train de nous tirer dessus. Il est hyper rapide, on dirait une mitraillette. Il est tellement confiant qu'il ne porte même pas de bouclier. Et il sourit.

— Quel crâneur. On va lui montrer ce qu'on sait faire.

— Bien parlé ! s'amuse Lucian.

— Rosie, paraît que tu es super forte.

— Je me débrouille, répond-elle avec modestie.

— OK, voilà le plan : nous trois, on sort en formant une protection avec nos boucliers, pendant ce temps-là, Rosie tire. Vise les jambes, Rosie… Je compte jusqu'à trois. Un… deux… trois !

Lucian, Ren et moi levons nos boucliers bien ajustés les uns contre les autres, comme une carapace de tortue. Les flèches d'Achille déferlent dessus. Accroupie derrière, Rosie décoche deux flèches, puis, quand j'acquiesce, elle s'approche par la droite, tire, puis se remet à l'abri.

On entend alors un cri d'indignation.

— Bonté de bois !

Je jette un coup d'œil par la fente : Achille se frotte les jambes. Elles dégoulinent non pas de sang, mais de peinture bleue. Pour les besoins de l'épreuve, nos flèches, épées et lances ont été ensorcelées afin de déverser de la peinture pour imiter les blessures.

Parfait ! Première manche remportée.

Nous quittons le muret et courons vers le spot suivant. Rosie et moi continuons de décocher des flèches sur Achille, qui râle : une de mes flèches l'a touché aux fesses, il n'est pas content du tout ! Pendant que nous nous regroupons, on entend une exclamation de l'autre côté du terrain.

— Ça va, Achille ? Enfin des adversaires à la hauteur !

C'est Héraclès qui se frotte les mains, tout joyeux.

Nous sommes à mi-chemin du drapeau, ce qui est déjà pas mal, mais les flèches pleuvent de partout. Achille a trouvé un meilleur endroit pour tirer.

Nous nous arrêtons derrière une double haie, non loin d'Antiope, équipée de sa lance et de son bouclier. Je lui tire dessus par un trou dans le feuillage, mais elle est stratégiquement placée et se protège sans difficulté. Achille la rejoint. Il faut les éloigner de là si on veut continuer d'avancer.

— Je vais créer une diversion. Pendant ce temps-là, vous trois vous courez au spot suivant. OK ?

— OK, Mel !

J'enfile mon bouclier comme un sac à dos grâce aux lanières, puis frotte mes paumes pour faire jaillir une flamme orangée.

— Un… deux… trois !

Je saute par-dessus la haie, mains en avant. Un mur de flammes enfle comme une voile, je le pousse vers Achille et Antiope. Lucian, Ren et Rosie en profitent pour courir à l'opposé, vers un autre mur de protection. Les champions sont tellement surpris par mon dispositif qu'ils en oublient de nous tirer dessus !

L'intensité du feu diminue, je vais bientôt être à découvert en plein milieu du terrain. Je repère un tas de bûches derrière lequel me cacher. Vite, après une dernière flambée, j'abaisse les paumes, sprinte sur ma gauche et plonge à l'abri. Deux flèches sifflent à mes oreilles. Ouf, ça s'est joué à un cheveu !

Je m'accorde quelques secondes de répit et d'observation : c'est bon, le plan a fonctionné.

— C'est quoi, ça ? Bordel de Zeus ! j'entends.

Ah, ah ! Héraclès et Bellérophon sont coincés dans du sable mouvant près de notre base ! Petit cadeau d'équipe. Je pouffe de rire dans mon coin. Georgina et Marek ont combiné leurs affinités, la terre et l'eau, pour produire une vaste mare de boue ! Ce stratagème est une merveille : deux champions sont maintenant hors course. Ce qui me donne un peu de temps pour aller jusqu'à leur fort et faire main basse sur le drapeau.

Une flèche siffle près de moi. Une autre se fiche dans une des bûches qui me protègent. Ma couverture est grillée. Soudain, une pointe de lance transperce le tas de bois avec un sinistre *crac !* et vient se planter dans mon avant-bras, me stoppant dans mon élan.

— Je t'ai trouvée, petite !

Antiope me sourit et retire sa lance. Elle m'a ratée de peu. Je roule sur le côté, me mets debout et cours aussi vite que possible.

Schlak ! une flèche se plante à quelques centimètres de ma chaussure. J'ai repéré une zone d'ombre près d'un bosquet d'arbres. Je ne sais pas où je vais, mais j'y cours et plonge dedans, en espérant ne pas commettre une énorme erreur. Une flèche passe au-dessus de ma tête juste au moment où j'atterris.

Les ténèbres m'engloutissent. C'est comme si je venais de sauter dans le vide, mon corps flotte sur une mer trop salée. Je pense à la base des dieux pour l'avoir bien présente à l'esprit, puis cours dans cette direction. Pourvu que je ne me m'enfonce pas plus profondément dans l'abîme… Non, c'est bon, j'atteins ma destination, la matière est moins poisseuse, mes mouvements sont plus amples et légers. Une lumière pointe, de la taille d'un pois chiche. Puis elle enfle, je sors de l'ombre et débouche dans la prairie.

Méduse est allongée dans les fleurs, occupée à se limer les ongles. Surprise de me voir surgir de nulle part, elle lève son arc, mais je suis plus rapide. Ma flèche part déjà et vient la toucher en pleine poitrine. Une tache rouge éclabousse sa robe blanche.

— Espèce de morue ! me lance-t-elle.

Elle retire alors ses lunettes de soleil, je vois ses yeux qui brillent dangereusement.

Je protège les miens en m'abritant derrière mon bouclier et reprends ma course vers le fort. Les fleurs du pré, l'herbe et les buissons autour de moi se transforment en pierre. Je manque de trébucher sur une touffe de pâquerettes pétrifiée. Après un dernier saut par-dessus une haie figée, j'atteins la tour des champions.

Ne me reste plus qu'à grimper l'escalier… mais Méduse ne l'entend pas de cette oreille. Sa colère se déchaîne, voilà qu'elle invoque les éléments. De plus en plus d'arbres, d'insectes, d'oiseaux se transforment en pierre. Quelle tarée.

Elle est presque sur moi. Je risque un coup d'œil par-dessus mon bouclier… et vois Lucian, l'épée brandie, en train de charger la folle par derrière. Il frappe Méduse dans le dos, de nouvelles taches rouges souillent sa robe. Elle tombe.

Vite, je grimpe les marches deux par deux. J'atteins la hampe, descends le drapeau et le déchire à deux mains !

Craac !

La cloche sonne.

Nous avons gagné.

— Hourraaaaaa !

Je m'offre une danse de la victoire en agitant le drapeau en lambeaux. En bas, Lucian offre sa main à Méduse pour l'aider à se relever, mais elle la repousse. Ses yeux se ferment enfin.

— Laisse-moi, petit. (Elle remet ses lunettes de soleil et lève le visage vers moi.) Bien joué, Melany.

— Merci.

Sur le terrain, mon équipe, mes amis, fêtent la victoire. Je suis tellement heureuse que j'en ai les larmes aux yeux. Je les regarde, chacun d'eux est devenu un ou une amie très proche, je ferais n'importe quoi pour eux.

C'est au tour des autres équipes de jouer.

On nous demande ensuite de rejoindre nos dortoirs alors que j'aimerais savourer encore notre victoire avec mon équipe, et en particulier avec Lucian, mais il paraît que ce n'est pas le moment. Il y aura beaucoup d'opportunités de célébrer, car une grande fête est prévue après l'annonce officielle des clans.

Une fois que nous sommes douchées, neuf femmes débarquent dans l'aile des filles avec des valises et des portants sur lesquels sont suspendues des robes blanches et dorées. Je suis abasourdie : ces femmes se ressemblent comme neuf gouttes d'eau, je n'avais jamais entendu parler de nonuplées !

— Ce sont les muses, chuchote Georgina.

Justement, deux muses avec un sourire identique se dirigent vers nous. Lorsqu'on les voit de près, même la forme de leur bouche et la blancheur de leurs dents sont similaires.

— Je m'appelle Clio, voici Thalia. Nous sommes là pour vous faire jolies.

Je regarde Georgina, qui hausse les épaules.

— D'accord ! répondons-nous à l'unisson.

Pendant qu'elles nous apprêtent, nous coiffent, nous pomponnent, nous maquillent, les bruits de couloir rapportent qu'aucune autre équipe n'a validé l'épreuve d'Athéna. Je suis heureuse pour nous, mais un peu triste pour certaines filles qui vont peut-être se faire virer à cause de cet échec supplémentaire. Si Revana est dans le lot, je ne pleurerai pas, hein ! Mais comme je la vois s'exciter devant les robes, j'en conclus qu'elle a validé un nombre suffisant d'épreuves. Merde.

Clio et Thalia en ont terminé avec nous.

Georgina et moi portons la toge traditionnelle, parfaitement ajustée à notre taille. Le maquillage est impeccable, j'ai la peau à la fois rosée et scintillante grâce à une poudre qui doit être un peu magique tant mon teint est embelli. Mes cheveux sont coiffés en une tresse sophistiquée, torsadée autour de la tête et maintenue par un bandeau d'or. C'est la première fois que je revêts un diadème. Les cheveux courts de Georgina ont été lissés et joliment arrangés autour de son visage, un ravissant ruban doré orne son front. Nos ongles de pied ont été vernis, ce qui est du meilleur effet dans les sandales à brides. Nous sommes fin prêtes.

Jasmine et Mia, qui ressemblent à deux déesses, nous rejoignent dans le couloir. Ensemble et unies, nous traversons l'Academy, direction l'arène, où nous attend notre destin.

Une énergie bourdonnante monte déjà des gradins quand nous arrivons. Je cherche Lucian des yeux et le repère au troisième rang. Il me sourit quand nos regards se croisent. En moins de dix minutes, les sièges se remplissent, la promo qualifiée est installée.

Les dieux et déesses entrent à leur tour et prennent position au bord de l'estrade. On dirait une tarte divisée en douze avec des fourchettes plantées dans chaque morceau ! Chaque dieu ou déesse sur sa tranche... L'une d'entre elles deviendra aussi la nôtre. C'est écrasant quand j'y pense, je ne suis plus sûre de vouloir embrasser ce destin.

Zeus s'avance en dernier.

— Aspirantes, aspirants, soyez les bienvenus dans cette arène. Vous avez accompli des exploits. Vous avez enduré et réussi suffisamment d'épreuves pour passer au niveau supérieur de votre formation.

Un concert d'applaudissements salue ses paroles.

— C'est aussi l'heure de vérité. Vous allez maintenant être orientés vers votre clan de sang. Nous avons décidé selon des critères de compétences, d'affinités pour certains éléments et entraînements, et en fonction des épreuves que vous avez réussies. Nous ne faisons pas ces choix à la légère, nous ne nous trompons jamais, tonne-t-il. Le clan qui vous est assigné sera le vôtre pour le restant de votre vie.

La main de Jasmine vient serrer la mienne.

— À l'issue de la grande fête de ce soir, vous déménagerez dans l'aile de votre clan. Vous y aurez votre propre chambre et serez accueillis par vos frères et sœurs de clan, qui ont suivi la même formation avant vous. Vous formerez une famille.

Je regarde Lucian. Je voudrais qu'il sente ce que je ressens pour lui. L'occasion ne se présentera peut-être plus jamais.

— À l'appel de votre nom, levez-vous et allez vous placer à côté de votre dieu. Je commence… (Il déroule un long parchemin.) Jasmine Walker…

Je comprime une dernière fois sa main.

— … clan Arès.

Jasmine se lève et me lance un regard ému.

— Tu es ma meilleure amie, Mel. Je t'aime.

— Moi aussi, Jasmine.

Des larmes roulent sur ma joue, je m'empresse de les essuyer. Jasmine descend les gradins et rejoint le podium, à côté d'Arès. La cérémonie se poursuit. Le podium se remplit d'aspirants.

— Ren Nakamura…

Je regarde ce cher Ren.

— … clan Poséidon.

J'ai mal aux mains tellement je l'applaudis ! Ren rayonne, il en rêvait depuis toujours. Encore d'autres noms, puis Mia qui rejoint le clan d'Héra. Rosie celui d'Artémis, Diego se retrouve avec Dionysos. Revana atterrit dans le clan d'Aphrodite, ce qui ne me surprend pas le moins du monde : cette fille est aussi fielleuse et fausse que la déesse elle-même. Isobel a été éjectée de l'Academy, elle n'a pas réussi.

— Georgina Stewart…

Je lui attrape la main.

— Je t'aime, ma Gina. Tu vas être formidable !

— Ouais !

— … clan Déméter.

Je suis si fière de mon amie. Elle méritait sa place au panthéon. Le défilé se poursuit. D'autres noms, d'autres acclamations, puis mon cœur bondit.

— Lucian Perro…

Lucian se lève, presque au garde-à-vous. Puis son regard capture le mien, je suis comme ensorcelée. Il est si beau avec ses boucles dorées et dans sa toge blanche.

— … clan Zeus.

Ses yeux s'écarquillent. Il était persuadé qu'on le mettrait dans le clan d'Arès. Lucian descend les marches sous des applaudissements nourris et rejoint le père de tous les dieux. Il a l'air totalement à sa place.

Les gradins se dégarnissent, le podium se remplit. Je suis bientôt la seule encore assise. J'ai les nerfs en pelote, mais, bon, il faut bien un dernier de liste, et c'est tombé sur moi, semble-t-il.

— Melany Richmond. Jamais dans toute l'histoire de cette académie une aspirante n'avait réussi les douze épreuves.

Son annonce provoque une onde de choc sur le podium. Certains dieux échangent des regards ; visiblement, ils n'étaient pas au courant de mon coup de maître.

— Je ne sais pas exactement où te placer, Melany Richmond, reprend Zeus, dans quel clan tes compétences seront les plus appréciées et cultivées.

— Zeus ! s'emporte Aphrodite. Ce n'est pas possible. Elle a forcément triché.

— Tais-toi ! lui répond Déméter. Tu penses toujours que les autres trichent parce que, toi-même, tu ne peux pas t'en empêcher.

Bien envoyé !

Les dieux et les déesses se chamaillent entre eux, les aspirants chuchotent en me regardant. Merde alors, je n'avais pas imaginé pareille remise de diplôme. Je me lève tout de même, dans l'attente du verdict de Zeus.

Soudain, mon œil est attiré par une masse d'ombre qui se faufile le long du stade. Des traînées de ténèbres s'enroulent, serpentent en douce et remontent les quelques marches menant au podium. Des vrilles noires tourbillonnent autour d'Héra, Artémis et Apollon. Ces derniers attrapent le bas de leur toge comme s'ils craignaient de se faire salir.

Les volutes tourbillonnent maintenant au beau milieu de la plateforme, une tornade sombre s'élève. Zeus est obligé de faire un pas en arrière pour l'éviter.

Puis les ombres s'évaporent comme par magie, et Hadès apparaît, ses cheveux noirs lissés en arrière, toujours aussi relax et branché dans son costume violet.

Son apparition fait sensation ; les dieux, tout comme les aspirants, sont sous le choc. Zeus est le seul à réagir en pointant un doigt accusateur sur son frère.

— Tu ne peux pas être ici. C'est impossible !

Narquois, Hadès s'incline profondément.

— Si, c'est possible, mon cher frère. Tu vois bien !

— Comment oses-tu ?

Hadès se tourne vers moi, un immense sourire aux lèvres. Aussitôt, un frisson me parcourt l'échine.

— Je suis venu chercher Melany… Pour le clan d'Hadès.